一开口
让人喜欢你

YiKaiKou Rang Ren XiHuanNi

爱情王子 著

民主与建设出版社
Democracy & Construction Publishing House

图书在版编目（CIP）数据

一开口让人喜欢你 / 爱情王子著. -- 北京 : 民主与建设出版社, 2016.7（2018.9重印）

ISBN 978-7-5139-1041-5

Ⅰ. ①一… Ⅱ. ①爱… Ⅲ. ①恋爱–语言艺术 Ⅳ. ①C913.1②H019

中国版本图书馆CIP数据核字（2016）第059082号

出 版 人：许久文

责任编辑：李保华

版式设计：曹 敏

出版发行：民主与建设出版社有限责任公司

电　　话：(010)59419778　　59417745

社　　址：北京市朝阳区阜通东大街融科望京中心B座601室

邮　　编：100102

印　　刷：北京柯蓝博泰印务有限公司

版　　次：2016年7月第1版　2018年9月第7次印刷

开　　本：32

印　　张：7.5

书　　号：ISBN 978-7-5139-1041-5

定　　价：36.00元

前 言

这是一本为单身男女量身打造的口语练习书。换句话说，这是一本让你喜欢的人关注到你、给你回应，甚至于主动接近你、邀约你。让你不再感到孤独，不再为单身发愁，帮你摆脱单身找到另外一半的书。

结合现代人的生活习性来看，我们更喜欢在电脑上看女神男神的照片、拿着手机看偶像剧，也很少有人愿意费尽心思去现实中直接认识自己的暗恋对象或者是偶像。不过，即使在今天我们认识一个人有微信、微博、朋友圈、QQ、人人网、陌陌等等聊天和社交平台，能够帮我们找到任何一个想认识的人，却依然有很多人找不到对的那个人。

为了解此困惑，唯有去大胆认识，也就是去搭话聊天。要知道主动上前搭话真的不是丢人的事儿。因为你不认识一个人，怎么能知道 Ta 是不是你要找的人呢？即使偶然机会认识了一个印象不错的人，你不去多聊聊天，怎么能确认你们的关系呢？

我们反对揣测人心理、玩弄人感情的把妹手段，但是我们支持合理的社交。在讯息发达的现代社会，要获得多的有用的信息，积极地去扩充自己的朋友圈不失为一个快捷的好办法。而且我们常听人说，人生有三大遗憾：遇良师不学、遇良友不交、遇良机不握。从这方面来说搭话、认识、扩充朋友圈也是为了让人生过得更精彩的方法之一。

总之，无论什么人，只有与外界保持沟通才能进步，闭塞自守必然是落后的前兆，甚至于小到社会团体，大到国家也是这样的。所以勇于去和陌生人搭话吧，去认识自己想认识的人，多认识一个人，就多打开了一扇世界之门。有句话说，你取悦世界世界才会取悦你。与陌生人认识也是要讲方法的，因为即使你要到了联系方式，有时候也会邀约失败，即使一开始你们聊得不亦乐乎，忽然有一天却变冷变淡……你该如何做？

打开这本书，里面有你想要的答案。

CONTENTS

目 录

Chapter One 你要勇敢上前说话，才会遇见对的人

偷偷爱十年，不如勇敢上前说十句话 …… 2
心动不如行动，先开口的人先幸福 …… 4
看到异性会紧张？你是不是有社交恐惧症？ …… 7
放下面子吧，开口说话才会有缘分 …… 11
女孩主动搭话，不丢人 …… 14
你单身你光荣啊，为什么你总是碰不到对的人？ …… 16

Chapter Two 搭话是约会的前提

别再犹豫啦，修炼搭话勇气是正经事 …… 22
能做到真诚，你与人搭话就成功了一半 …… 26
让陌生人相见恨晚的搭话“五部曲” …… 29
来一次让人舒服的“处女搭” …… 34
有的放矢，找到合适的搭话对象 …… 37
QQ 微博微信等社交平台，让网络搭话与时俱进 …… 41
与人搭话要遵守礼仪，守法有度 …… 45

Chapter Three 想要约男神女神必须走出去

宅男、害羞男，如何突破零搭话……50
场景不同，如何搭话……54
高效结缘，摆正一切关系……63
“网搭”要如何进行呢？……67
每次在途中，总是遇到不同的人……70
关心失意的人，你会有惊喜的收获……73

Chapter Four 想成功搭话需要修炼的基础课

做个温柔和自信的女人，是女人搭话的底气所在……80
男人也要仪容整洁……83
与人搭话拿捏分寸，不乱说……85
一次成功的搭话，需要多次刻苦训练……89
不可不知的搭话培训五部曲……93
搭话者的话题库，有 Ta 需要听的内容……98
如何做到你的搭话让人无法抗拒？……110

Chapter Five 接近女神的实战与技巧

你心中的女神喜欢什么样的男人........116
你心中女神不喜欢什么样的男人........120
搭话成功后的及时跟进——邀约........123
与喜欢的人第一次约会的技巧........128
一开口，就让对方乐意的讲话技巧........133
备胎如何在暗恋对象失恋后去安慰她........141

Chapter Six 让男神主动邀约的实战与技巧

你心中的男神喜欢什么样的女人........146
你心中的男神不喜欢什么样的女人........154
明白男神没找到女朋友的根源........158
女人展示个人魅力，拉近距离的技巧........160
不露痕迹地要到联络方式........163

Chapter Seven 结识后的表白与套牢

怎么能让对方对自己死心塌地……176
长久拥有一份感情的终极法则……182
让对方看到你的坚定，你们的关系才能长久……186
好人缘是巧妙的人脉攻势……192
学会巩固练习，你们的关系才会日日新……195

Chapter Eight 搭话、邀约千万不能做的事情

别去打扰正在忙碌的人……210
搭话没有成败，被拒情况之分析……213
答应赴约，却被放鸽子的几种情况分析……219
陌生人见面切记的几个问题……222
和人交流中要注意的两点……224

阿诺……我喜欢你。
什么？
没什么。
……

我是说我喜欢……你。
你说什么，我没听清。
……再见。
再见。

Chapter One

你要勇敢上前说话，才会遇见对的人

“你需要勇敢上前去说话，不要再为自己约不到心仪的人而苦恼，不要再为喜欢的人不喜欢你而懊恼，也不要再整天抱着人家的照片看。”

偷偷爱十年，不如勇敢上前说十句话

26 岁的梅子，一直在家乡的小县城工作。他们那地方年轻人普遍结婚结得早，26 岁已经算是大龄了，所以天天被逼相亲。无奈之间她告诉我，她忘不了前任。而她的前任只是她想出来的。说是竹马，但是她根本没有表白过，小时候一起上学放学，小学、初中、高中。可是一看到他，她就会脸红，更遑论其他事情。高中的时候，听说他有女朋友了，而且经常会带他女友找她一起玩。半年后，男孩失恋分手。上大学后，他们联系变少。不过偶尔男孩还会找她聊天，大学谈过一个女朋友也告诉她了，后来又分手……

她因为被家里催逼相亲，从 24 岁开始也相过好几个了。可是她一直放不下心中的初恋，却又不敢告诉初恋。

想着，她喜欢的那个男孩正在失恋中，我便怂恿她去告白，并告诉她如果失败，十年暗恋的青春也有了交代；如果成功，那么刚刚好结婚，不用再单相思了。

听了我的话后，虽然她没有明目张胆地告白，但也打开了她的心扉，让她敢于接近传说中的竹马。一个月后该说的话，都说了。想了解暗恋的竹马的习性也都了解了。最后感觉，她的那位竹马，不是自己想要的白马王子，于是选择了放手。开始了真正的相亲之旅。

最近她交往了一个各方面都不错的男孩。她喜悦地说，如果可以，一年内大概能够结婚的。

最后她总结道："真的，暗恋十年，不如交谈十句话了解得多。真正的爱情，与其沉默，与其单恋，不如敞开心怀把自己想说的话说出来，沟通了解后就会知道自己想要的结果。"说完这些，她感觉到她告别了青春，瞬间长大了，知道自己想要寻找的另外一半应该是什么样子了，也更懂得了怎么去生活。

心动不如行动，先开口的人先幸福

有一个人在谈到自己的一位好友时，曾说过这样一个故事。

2015年秋，好友小杰从日本归来，带回了一个松子姑娘——大眼睛美女。娶日本女人一直是他们男生上学时聊的一个梦想，想不到让小杰给实现了。想到以前，小杰内向的性格，我缠着问他原因。

原来，小杰毕业后不久就去了日本留学。刚开始，他对于那个高消费、快节奏的国度很不适应，再加上他本身内向，日本人又看起来对谁都那么礼貌。所以，开始的一个月他都是形单影只，一个人独来独往。

三个月后，迎来了寒假，日本的寒假不长，但加上周末也有十天多时间。那段时间，国内也快过春节，他一个人身在异国特别孤独。他开始觉得自己该找一个生活上的伴侣了，女朋友或者聊得来的朋友都行。

有一天，他出了家门，来到了大阪的唐人街。

突然，一个长相、身材、打扮都相当有水准的女大学生从街边便利店走了出来，让正在大街上晃悠的他眼前一亮。

他感觉到这就是他要找的女孩，文静、恬然的样子，一下子吸引了他。就像被施了魔法一样，平时见到漂亮女生就害羞的他，居然敢大步向前迎上那位女生，轻松、自信地用蹩脚的日语打招呼："啊哈哟……。"他破天荒地给陌生人打招呼，没有让美女感到反感反而还对他产生了兴趣。

就这样，两个异国年轻人，一路走一路聊，语言不通的地方，用手比划着说别有一番乐趣。后来各自留下联系方式，一次次邀约后，他们终于走到了一起。

他说，"其实，只要你看起来不像是个歹徒，白天礼貌的主动和人打招呼，一般不会被人拒绝。"确实，见到喜欢的人，去主动打招呼又不会死。俗话说得好，"心动不如行动"。如果小杰不打招呼，小杰与他的妻子根本不能相识。当然小杰很幸运，他不仅是多认识了一个人，还成功将其娶回家了。

小杰的例子告诉内向者，勇敢一点吧。不要因为缺乏面对的勇气，错失了一生的幸福。

虽然很多时候，一见钟情的，最后不会结婚，但是主动上前聊天搭话认识，基本上都会多一个朋友，不会失去什么。我们无法控制别人怎么想、怎么做，但是我们最少能决定自己要怎么想、怎么做！

只要我们是真心诚意、谦恭礼貌、举止合宜而又仪容整洁地去和对方表达你想结识他（她）的意思，对方就极有可能会接受。即便失败了，也不要气急败坏，要表现出自己的风度。

总之，心动不如行动，一定要敢于开口尝试，先开口的人先幸福。

看到异性会紧张？你是不是有社交恐惧症？

有人说，真正喜欢你的人是不用追的。

是啊，真正喜欢你的人是不用追的，但是总得认识吧，认识了不会交流，就在一起了？扯淡的事情。所以不要怕，即使你有所谓的社交恐惧症，也要努力去克服掉。

医学上把看到异性紧张看成一种社交恐惧症。社交恐惧症主要表现为：自我封闭、不敢交友、拒绝一切集体活动、不敢大声说话。是病就得治吧，不要讳疾忌医。要敢于尝试，才能有所突破，有所获益。

要命的是，看到异性紧张的人，这种恐惧只针对异性。

表现是害怕与异性视线相遇，怕人家看出他表情不自然。严重者害怕看别人的眼睛。一见人就低头或盯着地下。甚至完全不敢和陌生异性相处。

记得 2015 年 11 月某期《非诚勿扰》上有一个男子，有异性恐惧症。参加节目的时候，一直搂抱着一只胳膊，不敢与女嘉宾直视，甚至于看到女孩子就大口喘气，需要喝水缓解情绪。后来孟非老师从台下观众席里面找到一位女士，上台来和该男士互动。女士与男士握手，通过几次的身体接触，男士的情绪才稳定下来。而此例，也恰恰证明了，只要敢于和女士接触，异性恐惧症也能够减轻。

心理学家认为社交恐惧的阐释是，人们过于在乎和顾忌他人对自己的评价，太过于看重外界的影响，害怕别人批评指责自己，对自己有不好的评价因此，从而导致他们心存疑虑，极度害怕被别人拒绝,或者对自身的身材、相貌等某方面没有信心。

甚至在上述这些恐惧、焦虑的情绪出现的时候，他们会像上《非诚勿扰》节目中的那个男士一样出现心慌、呼吸困难等症状。

有位知名的心理学家科特雷尔曾经作过这样一个试验，他组织了一个小组进行活动，同时安排一组观察者，并将这组观察者的眼睛蒙上。结果发现，与可以自由观察的观众不同，被蒙上眼睛的观察者对活动者的影响几乎是不存在的。这个试验证明：评价顾忌是使人产生社交恐惧的一个重要原因。

所以，为了化解消除心理恐惧症，不妨在心理想着没有什么可怕的。总之，要想成功地和刚结识的陌生人打交道，首先要做的就是，突破自己的心理阻力，坚定敢于与陌生人接触的信念。

如果你有异性社交恐惧症，你就把 Ta 想成你一个同性好朋友，大声叫出 Ta 的名字，慢慢地你也会觉得 Ta 会像你的同性朋友一样没有什么可怕的。当然很多异性恐惧症只是针对陌生异性，所以你也可以把陌生的 Ta，想象成某个你很熟悉的人。

如果你的异性恐惧症只来自你的领导，你可以想象领导也是从你的位置一步步干起来的，Ta 也是公司的一分子。如果你只是怕被惩罚，其实你说的话上司可能第二天就忘记你说的了。或者因为你提到的问题是能够改变公司，让公司发展得越来越好，上司不仅不会责罚你，还会奖励你呢。不然，你回忆三天前在公司说过的话，看看还有什么能想起来的？一个礼拜前、一个月前呢？是不是记得住的没有几句呢。所以你只要做好本职的工作，根本不要过多地忧虑。

下面，我们再提供几个小技巧，它们将有助于减轻社交恐惧者的心理负担。

1. 放下“一定要给 ×× 留下深刻的印象”这样的包袱，过分地对自己强调目的，心理紧张会使自己完全没有办法按照套路出牌。

2. 悉心准备一些“自来熟”的话题，主动帮助陌生人，寻找可以聊天的机会。只要时机对了，你也会成为一个谈话高手，也会赢得无论同性还是异性的青睐。

3. 准备一些符合聚会规则的话题，如电影、趣闻、高尔夫体验和对名车的认识等。但是要分清场合，不能胡乱地施展，有时候错误的话题会让人觉得你很没有品味。

4. 多向你身边的社交达人们学习几招藏拙技巧。例如：如何不露痕迹地把话题引到自己熟知的领域，并且不会被别人明显意识到。

如果想要轻松秀出你自己，在与别人交往的时候，就要把自己最好的一面展现出来，博得对方的喝彩。做到了上述这些，你的社交之路将会变得畅通无阻。

大多时候，外在的环境是我们所无法左右的。但是，我们完全可以通过调适内心来实现对环境的适应性，让自己充满自信，克服恐惧心理。

放下面子吧，开口说话才会有缘分

不得不承认，不会聊天的人，在今天这样的社会，朋友不会很多的。不要一想到让你主动聊天，就是很没面子的事情。其实不打不相识，每个人都怕被别人无辜打扰，被无奈骚扰，但是每个人也渴望被人了解，希望能够找到一个知音。

其实人一辈子要认识很多很多陌生人,主动上前搭话聊天，只是认识他人的一种形式。而且陌生的搭话，并不是要和别人就怎么样怎么样，比如，对于学生，一起上学几年来聊得好的就那么几个。当然相对于认识同学来说,认识陌生人是有难度的，而且有时候机会失去就可能再也没有了。

相信许多人都羡慕别人人气旺、认识人多，有美女搭、有帅哥找，可为什么到了自己就踌躇不前呢?

爱美之心人皆有之。有人会上前主动上前聊天，而有人却白白错失大好机会，等到过后回想时忍不住暗自叹气呢？这是为什么呢?

1. 把缘分当作不敢上前的借口

相识应该靠缘分，这完全没错。但很多人认为，只有朋友介绍或在同一个公司上班，才是所谓“自然而然”认识的人，这样认识的人也比较值得信任。跟完全不相干的人说话，不能算是缘分。

其实这种论点是站不住脚的，实质上：只要被你看到的，就是一种缘分。你该做的，就是把握这个机会，和你感兴趣的那个“陌生人”说话，开始你们真正的“结缘之旅”。

2. 太怕丢面子

很多人说穿了，其实就是怕被拒绝、怕失败，不敢接受挫败感，有些还怕被别人笑话。不过，请大家仔细想一想，本来就不认识对方，被拒绝了大不了就是回到原点，你损失了什么？

有人会说：“不对啊！主动聊天搭话，别人不理的话，很没面子啊！”请问，如果你是诚意的搭话，到底是谁没有礼貌。如果你成功了，就是多认识一个人，而这个人带给你的人际资源，有可能超出你的想象；即使没有人际资源，与别人交换思想和想法，也是一种乐趣；再不抵，也让你锻炼了和人交往的能力。

3. 受到其他错误观念影响

我国的传统教育比较保守，主动与异性聊天，多年前被看成一种轻浮举动。即使到了现在，也有男孩怕别人说自己贪恋美色，女孩怕别人说自己花痴，从而不敢主动和异性聊天交往。

其实,大方一点,让自己变得不再受到一些狭隘的观念影响,才能够认识自己想认识的人，过自己想过的生活。

现在的年轻人，思想虽然没有以前那么封建，但是也越来越“宅”。他们的交际能力也因此而下降了。有些对着电脑打字并不难，难的是见面不知道怎么做，想要改变这种状况就多去放下面子主动与人聊天搭话吧。任何一种能力的掌握都是要多练习的。下面我们看看这段文字。

小宁眼看要三十了，还没有结婚。别人介绍的女孩，他在网络上和人家聊天以后，觉得聊不一块儿去。可是他自己聊得好的,见面以后,自己又不知道说什么做什么,每次总是很尴尬。基本上就是见一个就少一个知心网友。他来讨教我该如何做?我就问了句，你平时的交际如何?其实他不说我都知道，他就一个宅男。如果不走出去多与人交际，我是帮不了他的。

总之,任何人想与别人处朋友都得多练习与人交际的能力。

多练习与人聊天搭话的能力，是为了把自己想对陌生人说的话巧妙、合理地表达出来，应该能给双方带来快乐，这种方式强调的是内心的真诚交流。所以主动开口不是什么丢面子的事情。多练习，不仅能够帮助你赢来朋友，还能带给你自信，并提高心理调适的能力。让你在社会生活中也能够过得如鱼得水。

＃女孩主动搭话，不丢人＃

“女搭男”跟“男搭女”最关键的区别就在于，被搭者由于性别不同，在安全感和矜持性上会有相当大的差异。

受上述两点的限制，女性即使对与她搭话的人有好感，也不会马上开始约会，通常会先留下电话，有个缓冲的过程之后再开始相互了解。而男性就不用如此麻烦了，只要时间允许，马上就可以开始进一步地了解。相反，在一无所知的情况下互留电话，以后再约出来开始认识，在男性看来就是多此一举，为什么不现在就开始去做呢?

所以，女士们如果想与哪个帅哥搭话的话，别着急留电话，别轻易用眼神，拉着他多聊聊天就行了。

很多女人不敢去主动与男士聊天，因为她们觉得女生主动是很轻浮的举动。男人找女人聊天可以理解，可是如果女人找男人那简直就是难以想象。

其实，只要将搭话放到与人交往的大层面去讲，大家就能明白了，男人女人在与人交往中是相互的。男女双方只是交往对象，女人没有必要为了自己与某个男人搭话而羞愧；相反，女人找男人聊天搭话常常目的更加纯粹。而且，女人的性格一般比较温柔，主动聊天，更容易成功，因为被搭话者的戒心对温柔的女士不会那么强。

刘丽说起她第一次的搭话经历。当时有一个她非常喜欢的学长。那天下了雨，她看到学长在屋檐下躲雨，然后她下车的时候就将伞给了另外一个同学，也去了屋檐下躲雨。自然而然就聊起来了……“坐这个车去干吗呀”“怎么会没带伞呀？”因为喜欢，所以知道他的比较多。他们聊的话题也就多了，从篮球、足球聊到喜欢吃的，喜欢看的电影等等。还聊了当下发生的热门话题新闻……然后一个小时过去了，雨停了。他们也成为了好朋友。后来他们很自然走到了一起。

现在我们很多人说，“男女平等”“女人也能够顶半边天”。那么女人选择自己的聊天对象，勇敢上前搭话不仅不丢人，也是实现平等和自我价值的一种体现吧。

你单身你光荣啊，为什么你总是碰不到对的人？

你相信一定会碰到对的人，可是那个人在哪里呢？等，还不如勇敢去找。兴许那个人也在等你呢。

婷婷的好友小蝶，一次聚餐和朋友聊起，讨论爱情该如何去争取。朋友们各抒己见，有的说，都是一个样子，碰到对的人才好，真正的爱情是不用你去追；也有的说，要能够是条件相差不多的人才好在一起；也有的说，要找有钱的，要找帅的等等。最后他们说，你首先要找一个恋爱对象谈谈。

是啊，应该主动去找了，不找永远没有。

小蝶一想：最近常常被老妈逼婚，隔三差五地打电话过来，询问找到对象了没有？便觉得是啊，年龄不小了，是时候去找了。

她把心中的想法告诉了关系最好的婷婷。婷婷说多主动跟人搭话聊天，又不是让你去贱卖色相，只是多认识一个人，你怕什么？只是多认识一个陌生人，只是开一次口而已，你不开口，永远找不到自己的幸福。就如同灰姑娘的故事一样，虽然她和王子的爱情很美丽，但是如果她也像母亲认为的那样——她不配去参加王宫里盛大的舞会的话，王子根本就见不到她。他们也永远没有机会相恋。

婷婷告诉小蝶，说她以前也很内向甚至于自卑。眼看快三十了，还没有嫁出去。周围的朋友和家里人都急了。这个时候，她认识了一位广播电台的主播。主播说，可以在他的电台节目里帮婷婷征友，只要简单的资料就好。刚好，她被母亲打电话催得急，便想着，为了给母亲交代，简单填下哪里人、多少岁，什么喜好，以及QQ、微信的联系方式。资料发出去，没有想到，很快就有了结果。

一位叫小勇的男子通过QQ加了她好友，说是在电台上听到。开始聊天，两人都觉得对方还不错。于是相约有了第一次见面，他看起来各方面条件都很优渥，高高帅帅，带点斯文，家里是做生意的，在国内外都有生意来往。刚开始还好，一起吃饭、看电影，也有一些共同的话题。可是后来，一系列的事情出现，比如他只去高档餐厅吃饭，会纠正人吃饭时候的习惯，还会把人贴上标签，总之他对她的各种无法理解，也让她明白他们不可能在一起。

最后，礼貌分手。不过正是如此，打开了她久已关闭的与异性产生感情的想法。没有多久，就在一次搭话中遇到了现在的丈夫阿桂，阿桂很安静无论做什么，都是默默去做，让人感到如夜晚温暖的台灯一直陪伴着一样。会在她想见他时候恰好出现。他会在婷婷不高兴的时候讲故事给她听，会在她想吃东西的时候专程买来，也会和她一起疯狂，去爬山、去滑雪。不会计较她偶尔的无理，会包容她的小性子。照顾婷婷的小情绪，满足她偶尔的虚荣心。总是为婷婷花钱很大方，一起出去从来都是抢着埋单，小礼物也常常不断。他像一道阳光一样温暖着她。岁月有了他变得安静一起来，她相信他们会一起慢慢变老，直到永远。去年冬天结的婚，现在感觉每天都过得很幸福，很感谢遇见他。

看吧，那个对的人，来自于你敢于打开自己心灵、准备接纳的时候。说起来，缘分总会来得那么突然，但其实前提是，让外界容纳你，你才会了解到外面的世界，让别人认识了解你，你才能够对别人有进一步地了解。

在搭话过程中，如何判断出 Ta 是否对你有好感呢?

1. 眼神。从 Ta 的眼神以及你们的眼神交流中来判断你的搭话是否成功。眼神友善，有喜悦、期冀的神色。说明 Ta 对你不排斥，喜欢和你聊天。

2. 回问。一般来说，你们的对话大都是你问她答。如果她回问你问题，就是好信息，显示她对你有一定的兴趣。她越是多次回问诸如“你做什么工作”“你什么专业的”“你是哪里人”“你毕业多久了”之类的问题，就越是好兆头。

3. 回答的详细程度。比如问 Ta 是什么专业，如果她哪个系几年级的都告诉你，那当然是积极的反应。

4. 接话题。不管你随便聊什么，她都愿意顺着你的话题往下聊，这是好兆头。

5. 放电。下面是女人常用的放电信号。

（1）头发：对着你摆弄头发。

（2）嘴唇：对着你涂唇膏。

（3）下巴：用手托着下巴，带着笑意看着你。这是一个人进入沉思的表现。这时候不要打断她，注视着她的眼睛微笑。

（4）颈部：轻抚颈部。这本是尴尬时候的做法，可是现在女人们在放电的时候也会偶尔运用。

（5）身体：挺胸收腹，显露身体线条。

（6）眼神：明亮深情的目光，睁大眼睛，凝望对方。

Chapter Two

搭话是约会的前提

“约会的前提是什么？出身、条件，还是相貌？都不是，是你必须先了解对方，而了解的前提是认识，要快速认识一个自己喜欢的人，最直接的方式就是搭话。”

别再犹豫啦，修炼搭话勇气是正经事

每个人知道的搭话方式都不少，这些方法大多对男女都管用，但是大多数人却都犹豫着不敢去运用。而且不仅是找女友找男友，从应用范围上讲，问路、要电话、闲聊、寻找客户和合作对象等都要与陌生人搭话。别再犹豫啦，修炼搭话勇气是个正经事儿。

对于男人来说，与陌生人搭话也是显示风度的一个时机，学会了你也就学会了怎么展现自己的风度。男人一定不要让人觉得太随意，最好要事先做好准备。想要与陌生人成功交流并不是那么容易的。以下是几种方法：

1. 我们要学着读懂那个你要搭话的人的内心，看看什么搭话方式最适合对方。最好是一招制胜，不要拖拖拉拉，以免被自己的话绕进去。

2. 要在适当的情况下搭话。要分场合，不能随便与不认识的人搭话。

3. 要确定搭话的目的。不然将会越搭越乱，甚至会把想要搭话的对象气走。

4. 搭话要有分寸。不然会把搭话对象吓跑，以至出现不可挽回的损失。

搭话可以锻炼一个人的沟通能力，磨炼一个人的自信和修养。搭话是一门高尚的艺术，蕴含着勇气和智慧。

搭话能让人建立强大的自信心，对自身有更清醒的认识，改变对世界的看法，可以拓展自己的交际圈，提升交际能力，也可以找到更好的异性伴侣等等。

别把搭话搞得像“答记者问”，下面我们看看一个例子。

“前段时间有个男生想追求我，在加他微信之前，我们见过几次面。我觉得他的各方面条件还不错，也很有绅士风度，所以我对他的第一印象是非常好的。但是他加我以后，聊的最多的就是：你在干吗呢？即便有时我故意岔开话题，聊到兴头上的时候，他也总冷不丁冒出这句话‘干吗呢，美女’，要不就是，‘你做什么呢？’时间久了，我就开始不耐烦了，我心想，我在干吗？我不是再和你聊天吗，同时我还忙着上课忙着工作忙着找实习忙着写申请呢，但是我会告诉他吗？我当然不会。我只会觉得这个人很无趣很无聊连聊天都不会，所以在后来的聊天中，他一说这句话我就关掉聊天对话框，然后过了一段时间又会收到一条他的微信，一样的内容：你在干吗呢？”我彻底疯了！于是，我就把他彻底拉黑了。

当然，如果最初结识，更不能找人随便问人家在干吗？话不投机，当你要联系方式时对方要么不给要么就给个无效号码。

事实上，在我们的生活中，对反感的人找自己聊天，很多人通常会有以下几种方式来作出回应。

1. 暗中欺骗：泰然自若地报出自己的电话，把尾数改掉一两位。

2. 直接拒绝：“不好意思，我对你不感兴趣。”

3. 故意作假：“不好意思，我没手机……”总之，她（他）就是要假装让你知道她（他）就是不想搭理你。

4. 寻求退路：“我要换手机号了，把你电话给我，等换了告诉你吧。”

5. 双重欺骗：平时熟记一些假号。当有人问起来，自己又不想理对方时就随便报一个给对方，顺便告诉对方，自己的手机没电了，等回去再跟他（她）联系。

对于这些人，我们是无法一下子就判断出来的，所以与人搭话时重要的是怀着一颗真诚的心。你的真诚如果能打动对方或者给对方一个良好的印象，对方很可能就会把联系方式留给你。不管怎么说，你的心灵一定要真诚，真诚是你的终极硬件。

和异性交往是人生重要的一课，但我们都没有好好学过，我们多数人只是简单地把在书中学到的模式拿到外面套用而已，方法、理论和技巧，乃至心灵是非常粗糙的。而经常与朋友探讨与人交流的技巧，则一切经验就会渐渐变得更具有生命力。

通过以上的分析，我们可以看出与陌生人搭话门道，一切就在不经意间，一切也都在预料之中。只要你勇敢，并积极运用掌握的技巧，那就一定能够通过与他人搭话打开你与人交际的闸门，从而找到适合自己的朋友，也遇见自己心仪的人。

能做到真诚，你与人搭话就成功了一半

第一印象往往是交往的基石。而决定第一印象最大的因素，就是你得真诚，如果你能真诚与人相交，就有机会在他心里留下好的第一印象！

1. 真诚的微笑，给人好印象

嘴角的表情和双眸都能流露笑意，就能给人好印象。

第一印象的好坏，取决于初见时双方的表情给人的感觉。心理学认为"微笑"就是"接纳"的标志。也就是说，当你微笑时，等于告诉对方"我不会害你"，"我对你并没有敌意"。

第一次见面时若没有笑容，会让对方感到紧张，以为你深不可测、心怀鬼胎，觉得难以与你亲近。嘴角上扬、连眼神也在笑的表情就是一种好感的表示。当你一直微笑看着对方时，就能消除对方的警戒心。

2. 真诚的姿态和心态，决定开始交谈的时机

你能不能开口交谈，则取决于姿势和心态。你的姿态，要给人看着很亲切的样子，尤其是初次见面，必须让对方感受到你的礼貌。如果你以轻松的站姿，正面面向对方，感觉容易亲近。相反地，如果你将手交握在后面或双手交叉抱于胸前，都会让人有隔阂感。如果把包包放前面拿着，面对对方，虽然双手没有交叉抱着，但还是会让人有距离感。包包最好背在肩上，给人留下容易亲近的第一印象。

另外你的心态也很重要，你要肯接受对方，自己也表现出接纳开放的态度，这样从见面到开始交谈的时间就会缩短。当然心态上，你又不能让自己觉得高人一等，或者太过陌生太过拘谨。

3. 如果是参加聚会，记得用心选好衣服

穿着打扮也是第一印象的重要因素。穿着类似能拉近距离，差异太大则会形成距离。能让人在一瞬间断定出这个人与那个人的差异，气质太高贵，或是颜色太过张扬，都会让普通人感到，有点距离，不好接近。

而且，从一个人的穿着打扮，可以大概知道这个人的个性如何。也许你觉得这样的断定太过主观，不过这就是所谓的第一印象。一向对颜色敏感的人就会通过对方的衣服颜色作印象

判定，对流行敏感的人则会通过衣服的时髦感或配件的搭配来判定。如果品味相同就会有亲近感，品味不同当然会有疏远感。

所以，如果你有重要的约会，恰当选择服装，也是对人真诚的一种表现。不能人家举办喜事，你穿着太过寒酸，这样太不好。

如果你的第一印象让人感觉到你的真诚，那么你与人搭话就成功了一半。

让陌生人相见恨晚的搭话“五部曲”

我们每天都在接触不同的陌生人，与陌生人谈话是口语交际中的一大难关。处理得好，可以一见如故，相见恨晚；处理得不好，有可能造成四目相对，局促无言，或者直接抬腿走人。

那么，怎样才能找到自己同陌生人之间的共同点呢？在这里我们总结了和陌生人相见的五部曲。

1. 要懂得察言观色，找准交流的切入点

一个人的心理状态、精神追求、生活爱好等，都会或多或少地在其表情、服饰、谈吐、举止等方面有所表现，只要你善于观察，就会发现你们的共同点。

小张下班进地铁站后，在闸口看见一个美女表情有点沮丧，在找什么，就问：“你是不是丢了公交卡，需要我帮你买票吗？”美女听到后，一脸感激说：“好啊。留个联系方式，我以后给你。”

小张说，“不用了，就几元钱。”见美女很执意，小张说，“要不我加一下你微信吧。”

于是两个陌生人就谈了起来，后来他们还成为了朋友。

这就是小张观察对方以后，发现对方可能是要去乘车，进不了车站了。当然，通过察言观色发现的东西，一定要是对方感兴趣的。这样打破沉寂的气氛才有可能。否则，即使可能发现了你们之间的共同点,你也会无话可讲,或讲一两句就“卡壳”。

2. 以简单问话试探，找出共同点

两个陌生人对峙，为了打破这沉默的局面，开口讲话是首要的。有人以招呼开场，询问对方籍贯、身份，从中获取信息；有人通过听对方说话口音、言辞，了解对方情况；有人以动作开场，边帮对方做某些急需帮助的事，边用话试探；有人甚至借火吸烟，也可以发现对方的特点，打开口语交际的局面。

两个年轻人从某县城上车，坐在临近的座位上。

其中一人问对方:“在什么地方下车？”“到北京,你呢？”“我也是，你到北京什么地方？”“我到北京海淀区北太平庄路那边的一亲戚家，你回北京的吧？”“不是的，我也是到北京来看亲戚的。”

经过双方的“火力侦察”，双方对北京有所了解，都是到北京找亲戚的。两个人发现他们有共同点后谈得很投机，下车后还一起打出租车，走了一段路程，省下不少打出租车的钱，彼此还成为了好朋友。虽然他们俩没能成为男女朋友，但是其中一个给另外一个介绍了自己的同学。

这种融洽的程度看上去是偶然的，实际上也是有其必然因素的，即通过“火力侦察”，发现双方的共同点。

3. 听人介绍，揣度共同点

你去朋友家串门，遇到有生人在，作为对两人都很熟悉的主人，他会马上出面为双方介绍，说明双方与主人的关系、双方各自的身份以及他们各自的工作单位，甚至包括他们的个性特点、爱好，等等。细心的人会从介绍中马上发现对方与自己有什么共同之处。

小艾约了两个人在一家咖啡馆见面了，过了一会他们俩一先一后出现了。互相介绍后，发现他们两个曾经在一个单位待过，虽然他俩待的时间不一样，但是找到了话题共同点。于是便围绕“同事”这个突破口进行交谈，相互认识和了解，很快变得熟悉了。

这当中重要的是在听介绍时要仔细地分析，发现双方的共同点后再在交谈中延伸，不断地发现新的共同关心的话题。

4. 揣摩谈话，探索共同点

为了发现陌生人和自己的共同点，可以在对方同别人谈话时留心分析、揣摩，也可以在对方和自己交谈时揣摩对方的话语，从中发现共同点。

小黄和小张，都在微信的一个群里，有次小黄发了条语音的微信。小张听到后感觉像他们老家那边的人说话，就问：“你是不是福建人啊。”对方说是，而且他们竟然是同一个县城的。后来他们俩回家时，经常一起买票，彼此成为了很好的朋友。

不知情的人怎么也不会相信是因为揣摩对方的一句家乡话而彼此熟识的。可见，细心揣摩对方的谈话，确实可以帮你找出双方的共同点，使陌生的路人熟识起来，甚至可以发展成为朋友。

5. 步步深入，挖掘共同点

发现双方的共同点是不太难的，但这只能是谈话的初级阶段所需要的。随着交谈内容的深入，共同点会越来越多。为了使交谈更有益于对方，必须一步步地挖掘深一层的共同点，才能如愿以偿。

丹丹是一个网络作者，她有很多粉丝。有一个粉丝非常喜欢她写的小说，因此每天在她更新后的文章后面加评，久而久之，丹丹注意到了这位作者。慢慢地，两人发现有很多共同点，都喜欢看动漫，两人都是 cosplay 的爱好者。并且从文学、影视的爱好，说到了旅游的爱好。越谈感觉双方距离越近，越谈发现双方的共同点越多。于是，留了各自的联系方式，后来丹丹的粉丝，还来到丹丹工作的城市见了她，他们从网上的朋友变成了现实中的朋友。

寻找共同点的方法还有很多，譬如面临的共同的生活环境、共同的工作任务、共同的行路方向、共同的生活习惯等，只要仔细挖掘，合理应用，陌生人之间无话可讲的局面是不难打破的。而在这个过程中，也会交到一些新朋友。

如果能掌握以上搭话“五部曲”相信你，过不了多久，认识的人会越来越多，人气也会大增。相信你喜欢的人，已经在不远处等着你了。

来一次让人舒服的“处女搭”

我们说交友要会与人搭话，谈恋爱也要会搭话。甚至有些恋爱对象第一次见面，通过一次舒服的搭话，就确定了关系。

小罗性格挺外向的，不仅长得帅，而且有才华。他习惯将自己的优点暴露在与别人第一次接触的时候。这也是他制胜的法宝。

不久前，小罗恋爱了，他恋爱的对象竟然是隔壁公司公认的最美的业务员苗琳。大家当然是不会放过这个八卦焦点的，晚上聚餐的时候，在同事们的强烈要求下，小罗讲了他追求美女苗琳的全过程。

苗琳是全楼一道亮丽的风景，小罗对她倾慕已久。一次偶然的出差，小罗发现苗琳竟然与他在同一列火车上。

他当然不会放弃这个追求美女的机会。于是，他开始试着接触苗琳。当然，对于苗琳这样被追求者惯坏了的美女，主动献媚讨好肯定太俗了。

小罗看见苗琳身边的位置还空着，就主动坐了过去。他并没有直接和苗琳搭话，而是和坐在对面的一位男士聊了起来。

他之前打听到苗琳喜欢小宠物，他便问对面的男士："请问，您养小动物了吗？"那位男士一愣，然后笑了一下说："家里有一只小哈士奇，很可爱。"

小罗笑了一下说："一看您就是很有爱心哦！哈士奇不错，挺有灵性的狗狗。"那位男士反问道："你也养小动物了吧？"小罗笑笑："养了两只萨摩耶，实在照顾不过来，最近想送人一只。"

他问那位男士有没有兴趣收养自己的狗狗，男士说自己是来出差的，家在外地，不方便收养小罗的狗狗。

这时候，在一旁听得入神的苗琳问道："听说萨摩耶黏人是真的吗？怎么不养了呢？"小罗说："对啊，太黏人了，一回到家就会被黏着。不过家里已经有一只了，要送出的这只是只小狗狗，疫苗都打过了，很健康的。"

苗琳有些兴奋地问："那你可以送给我吗？我特别喜欢小狗，我喜欢哈士奇的萌，也喜欢萨摩耶的善解人意，能把你的狗狗交给我吗？"小罗心里自然乐开了花，但是依然用一副严肃的表情说："你和我是一个城市吗？你是做什么的？"

当苗琳知道他们是在一栋楼里上班的时候，也并没有起疑，毕竟小罗做得滴水不漏，没有预谋的嫌疑。因为是去一个地方出差，小罗很巧妙地抓住了这个机会，接着和美女苗琳约好一起回来。最后，小罗成功地找到了一位美丽的女朋友。可见，“偶尔”的碰面也是很有力的武器。

其实，小罗用的与人搭话技巧是从身边的人下手，然后慢慢接近，最后获得成功。这样的方法不会令人尴尬，但是成功率比较低，可是这也无疑是接近一个自己爱慕已久的人的最好方法。

与陌生人搭话的方法不少，但是要在适当的时候选择适当的办法，其实也是值得我们深入学习和研究的一门学问。

有的放矢，找到合适的搭话对象

从某种意义上来说，与人搭话就像你与对方就像是进行一场测试一样，对方是考官而你是应聘者，如果你能找到突破点，你就能够通过测试，通过测试之后，你才会有更多机会。在此之前，你们的关系和地位并不平等，该说什么和不该说什么绝对有讲究。所以，搭话看起来像聊天，其实并不是。

说到这里，大家不妨回头看看自己曾经有过的与异性搭话的经历，是不是发现有如下共同点，就是在感觉无话可说的时候，比如一般特别爱向对方发问，比如：

"你做什么的？"

"你哪里人？"

"你经常来这里吗？"

"你平时喜欢什么？"

"你是自己一个人吗？"

这样问的人，其实有很多很多。如果用面试来解释，大家马上就会明白这样的谈话是多么错误了——应聘者怎么可以向考官不停地发问？是人家在选择你还是你在选择人家？

向对方提问代表的是对她有兴趣，所以当对方没有兴趣回应，而你依然不停发问时，就变成了自己的低价值展示。为什么我们要特别强调这一点呢？大家去实践一下就明白原因了，就是所谓的“知易行难”。真正在与别人搭话时，即使是老手也很难克制住自己不向对方发问。

其实，完美的搭话只需要提两个问题：开始一个，比如“我想认识你”或者“你是一个人吗”；结尾一个，比如“你的电话是多少”或者“认识一下吧”；中间过程要求全部是对话，或者对方问我们来答。做到这一点其实很不容易，可一旦做到之后，你就会发现搭话的成功率会大大提高，同时要到的也多为有效号码。

这样的目标该怎样实现呢？或者说“少问”之后如何“多说”呢？这里给的建议就是联想式和发散性的思维。因为是陌生人，彼此了解有限，所以就要及时抓住对方抛出的每一个话头儿展开话题。切忌东一榔头西一棒子，问一串无关痛痒的问题。最终，你了解她一堆表面皮毛的信息，她觉得你其实是个草包，你们的搭话效果也绝对好不到哪里去。

下面再看来分析一个搭话失败的例子。

一位美女逛百货大楼，周围男人纷纷侧目，志强快步走上前去。

志强：“你好，认识一下可以吗？”

她：“啊？好像不太有这个必要吧……”（态度还算友好）

这种情况下，志强错误地回应：“就是很想认识你。”

然后沉默，十几秒之后，看对方也没拒绝，志强再问：“那你今天是自己出来逛街吗？”

她：“嗯。”（态度依然友好）

志强：“那你平时工作忙吗？”

几句简单交谈之后，对方说：“我叫音乐。”（估计是艺名）

志强便相信地问：“音乐？你的职业是跟音乐有关吗？”

这里志强犯了放走好话题去提问的错误。好的回应可以是：“哦，音乐你好。我叫建筑。据说建筑是凝固的音乐，音乐是流动的建筑，是不是说我一见了你，我就凝固了？你一见了我，你就溜走了？”你抓住对方给的机会去开玩笑，而不是生硬地、无厘头式地开玩笑。当然，这需要相当的机智和想象力，的确不是一般人能做到的。

所以接下来可以把搭话训练分成三个阶段：

第一阶段是勇气。能开口就行，哪怕最老套的问路也可以。

第二阶段是真诚。明确告诉对方自己的意图，就是一句简单的“我想认识你”。

第三阶段是智慧。当然这不是算计和欺骗对方的小聪明，而是建立在勇敢和诚实之上的大智慧。

接着按照以上步骤，逐步练习，那么你就会享受到与人搭话的乐趣，并且有可能赢得喜欢的人青睐。

当然不光光是搭话的内容要有的放矢，你在找搭话对象的时候最好，也留个神。一个人想要找人搭话，就要明白自己想找到什么样的人。很多人对于自己要搭话的对象不了解，所以造成他们毫无目的地去搭话的结果。当他搭话成功了，又觉得对方不适合自己，又会选择别的目标。这样岂不是白白浪费了双方时间了吗。

#QQ 微博微信等社交平台，让网络搭话与时俱进

在这个人际关系多元化的社会里，该怎么立足呢?

二十多年以前，一个小伙儿在大街上看上一个美女，一般为了引起注意，会吹个口哨，或是过去说：“嘿，交个朋友，你要觉得行，明天下午 3 点，× × 公园，不见不散。”那个时候没有 QQ、微博和微信，聊不聊得来，是一锤子买卖。有时，搭话的人话没说完，被搭的人就已经跑没影了。

到了今天，与陌生人认识，除过在现实中主动搭话，还包括各种“网搭”，就是网络交际平台，微博、微信、人人网、陌陌、豆瓣等等。只要搜索到联系方式你都可以去找 Ta 聊天。事实上，网络文化是文明发展到一定阶段的产物，网搭便也是必不可少的人际催化剂。当然还有各种交友类的节目，电视、广播上都有交友的节目。如今世界就是个地球村，有人说过，通过 6 个人，就能认识你想认识的任何一个人。现在或许只要有一根网线，你就能够认识你想认识的人。

从各种交友网及交友相亲的相关节目来看，搭话正处于高速发展的状态。

依照当今社会的发展状况来看，与人搭话的需求和发展只可能进步，不可能后退。我们都在不同程度上寻找搭话的契机。说实话，搭话的成败是由我们自己来决定的。想让自己成功，搭话就一定是必不可少的。事实证明，在生活中，我们越来越需要那些所谓的陌生人。当然，我们不可能跟遇见的陌生人都熟悉起来，甚至成为朋友。但是要知道，我们可以利用高效率的搭话方法来结识尽量多的陌生人，让他们助力我们的生活和事业。

很多男士错过了自己心仪的女孩，90% 以上的情况是这样的：她突然出现了，你来不及想任何接近理由，稍一犹豫，她已转瞬不见踪影……可见美女是不会停下来等你去追的，作为男士，应该明白这个道理。为了不让缘分擦肩而过，那么尝试一下网络搭话又如何？而且网络搭话快捷又方便，试试又何妨。

如果你打算，通过某个正当的理由结识，最好先写电子邮件表明你的想法，把握好礼貌和恰当用词就好，跟一般写书面信的差别不大。如果只是即时工具聊天搭话，你可以灵活发挥，也可以多参考一些其他人的精彩搭话。下面来介绍几个简单而不乏味的网络搭话：

1. 我给你讲一个现代版的，丑小鸭变白天鹅的故事，想听吗。她一般会说：想。我回答：丑小鸭吃了我秘制的配方，马上就变成白天鹅了。她问：是什么？我答：醋溜土豆丝。（这下对方不是感到好笑，就是感到好奇，然后你可以引导对方你做的饭很好吃，如果对方是个吃货肯定要知道，做好醋溜土豆丝，必须要切工了得，你们便可以愉快地聊天了，说不准还能请对方吃饭呢。）

2. 帮我做一个项目包你赚 500 万利润，你做不做？她回过来后问：什么项目呀？我回答：告诉我你的生日，告诉了我就告诉你。她一般会告诉你，然后问：是什么？我回答：按照你生日去买一注彩票，中了就有 500 万。（这样开头可以知道她的生日，然后知道对方的星座，如果对方对星座知识感兴趣你们将会有一场愉快的聊天。）

3. 我：还记得大明湖畔的夏雨荷吗？对方会觉得好笑。一般会回复：不知道啦。我：那我告诉你。（经典好玩的开头，有可能会引起对方的好奇。如果是你先认识别人，别人还不认识你，你就可以用这种开头，给别人说明在哪里见过对方了。）

总之 QQ 等即时搭话的要点就一开口就要让对方纳闷，跟着你走。然后抓住对方聊天的性格，迎合她。感觉不对，就换话题。语气中要配合对方的语气，及心情这样才可以继续聊下去。

当然时代在进步，搭话技巧也在进步，只有与时俱进地学习和参与进来，你才会永远让自己受欢迎。

与人搭话要遵守礼仪，守法有度

在与陌生人搭话的过程中一定要讲礼仪，这里列出十个常见的礼仪。

1. 搭话一定要去搭自己想认识的对象，心正意诚，给人良好的感觉。

2. 最好不要在对方说话说到一半的时候打断。

3. 千万不要和对方有肢体上的接触，以免对方对你的人品产生怀疑。

4. 和对方保持一定的安全距离（差不多一个手臂伸直的距离）。

5. 将自己的手机关机。跟对方说到一半的时候，自己的手机响了，多不礼貌呀！搞不好铃声还会让你突然忘了该说些什么，徒增尴尬。

6. 被人家摆脸色时，也不要恼羞成怒，口出恶言。对方态度不好，是她的问题，你只要做好自己（礼貌的态度，合宜的举止，整洁的仪容），跟她说声“谢谢”后，就转身离开。

7. 跟随的时候，不要被对方发现，否则会被当成跟踪者，形象全毁。

8. 想和走动的女生搭话时，切忌跟在她左后方跟她说话，宜快步向前，站在她的左前方，回头转身再跟她说话。站在正前方挡住她的去路，会增加其抗拒感。

9. 主动结束话题，搭话时间不宜超过 10 分钟。但如果她的反应热烈，你就无需拘泥，只管跟她聊下去即可。

10. 要到电话号码一定要打，犹豫会毁掉你与她的交集。

另外，搭话切忌在“求快”上栽跟头。你不要以为表现出着急的样子，就能给异性你很在乎她（他）的印象，第一次搭话绝对不是你应该证明这一点的时候。

如果是男搭女，说开场白时，不宜在她背后，更不宜挡住她的去路。假如你是从她身后接近她，可以稳健地走到她的左前方或右前方。还可以加上手势，比如，对着她伸出手，手的高度与腰部相同，手心向下。这时再开始你的开场白。

最好能让她停下来跟你交谈，而且，最好能让她转离她原来的方向一些角度。比如你一边自我介绍，一边绕着她迈一两步，让她自然而然地转身面对你。身体语言的改变，有助于她改变角色：从原本赶着去做那件事改变为做这件事（认识你）。否则，即使她对你不反感，但她原来就计划着要去做某事，你这一出现，她的思路还没换过来，她已经走离你几步了。若你们是迎着面，不要完全正面对着她走向她，要错位斜对着她，大概是肩膀对着她，慢走着接近她。

这些身体语言的处理都是为了减少女性对陌生男性的恐慌，让她更有安全感。最好你能让她觉得你随时可能要离开，这样她就会更相信你没什么不良企图。

交谈时，如果她往后仰甚至是往后退，你不要向前逼近，保持静立，或一边说话一边上身慢慢往后仰一点点，只有当她倾过来时，你才靠近她。并且你要注意，搭话时，不要去碰触她身上的任何部位。要是她明显不愿意听你说话，甚至摆摆手转身就走，你还是放弃吧。

总之，与人搭话，有些礼仪是必须遵守的。遵守礼仪，考虑对方的感觉，你才能够有进有退，让自己在搭话中立于不败之地。

与人搭话，要注意的小常识

1. 有意识地培养敏锐的观察能力。不仅要不露痕迹地观察她的穿着打扮、背包首饰、气质举止，还要注意她手上提的东西、她正在看的书报。这些在你和她搭话时能提上关系就提，效果不错。

2. 要想由上往下地打量她全身的话，只能在她后面才可以。否则，你在她视线范围内，即使你再谨慎，即便她没看着你，她都可能觉察到。

3. 搭话熟女时可以直接表明来意，诚实说出你想认识她的意图。

4. 搭话后即使没什么联系，能幸运再相逢的话，约到她的成功率会很高。

5. 一般来说，害羞的小家子气女生，遇到有人搭话，她可能会笑着跑开。这不是什么坏消息，显示出她对你的印象还好。下次再相逢时，先不提上次搭话的事，直接跟她打招呼。

6. 如果她问你是谁，就告诉她你跟她打过招呼，很高兴能再见到她，然后继续聊下去。你表现得越是自然没有压力，对方也会越是觉得自然没有压力，所以关键是调整好你的心态。你愈是理直气壮，直接把她当成朋友般来说话，她也就愈会顺着你的话来和你交谈。

Chapter Three

想要约男神女神
必须走出去

“每天待在家里，拿着男神或者女神的照片，心里念了人家千千万遍，他们就能够从里面出来吗？他们甚至不知道你的存在。怕被心仪的人拒绝？可是你们从来没有开始过。无论你想认识谁，想和谁在一起，都必须在现实中见到TA。”

#宅男、害羞男，如何突破零搭话#

进行了一定的理论学习后，实战变得必不可少。

首先，与陌生人搭话属于实践重于理论的活动。学再多的理论而不去搭，很可能使胆子越来越小，越来越不敢搭。有一位男士看与人聊天搭话类图书两年有余，结果一直也不敢付诸行动。他自己解释说，主要是学习男女相处的学问，而不是如何结识女人。

其次，搭话没有想象中那么可怕，勇敢地上前搭了再说。这样不仅可以突破害羞的性格，改变“挫男”形象，而且没准还会有惊喜呢。

再次，搭话的副产品就是，你的勇气得到了极大的提升。多和陌生人交流，生活中的其他很多事情，你都有勇气面对了。害羞不要紧，只要对于感情勇于追求的心态不变，那么什么都好说。

害羞男搭话需要上的四节必修课。

第一节课，不为提问而提问

只问那些对你的搭话“有用”的问题。这个“有用”主要是指帮你判断眼下跟她相处的机会和可能。比如，“你在哪站下车？”“你的事情办完了吗？”“你逛得累不累？”“你觉得这家餐厅怎么样？”……

此类问题可以马上影响你对她下一步采取的行动。提醒大家一下，任何提问都无助于建立舒适感。所以，“你做什么工作的？”“你是哪里人？”“你平时喜欢干什么？”“你在哪个学校？”……此类问题在搭话的初期阶段就是废话一堆。所以说，提问不但要少，而且要精，讲求实际也是男人的一种魅力。根据实践观察，美女对此的反应还是很明显的。

第二节课，尽可能用陈述句少用疑问句

在与人搭话时，应尽可能少用疑问句，多用陈述句。比如，找一个正在大街上徘徊的美女搭话聊天。“你在等人吗？”就不如“看来你等的人也晚了”有效。

仔细体会，后者的语气更果断、自然、友好，而且巧妙地暗示了搭话者本人的状态。相比之下，前者的单纯发问既没说明任何信息，还要求对方向你提供她的情况，这就很容易让被搭话者感到紧张。

第三节课，不要求对方回答的提问

比如“我想认识你”以及“我们一起走怎么样”这两句话的实质是“我是个想认识你的人”以及“我是个想跟你一起走的人”，仅仅是向美女陈述你的来意。可如果说完之后你就沉默了，那么这两句话就变成了纯粹的疑问句，即“我想认识你，行不行”，“我们一起走，好不好”。

而对方也就必须在“是”和“否”之间作出一个选择了。这时候，出于自我保护本能，美女更容易作出否定的回答。所以，关键的技巧就是不能沉默，不能尴尬，不能等着美女说话，要马上切入第二句闲聊。比如“今天天气如何”，“这个地方怎样”……于是，双方都有了台阶。

第四节课，结束时的提问要直接

搭话时最后的问题通常就是索要联系方式。坦诚地向对方说出你的愿望，其实也是一个高价值展示，勇敢自信的男性要比拐弯抹角的男性更能满足美女的虚荣心。所以，那种想先找个再见面的理由再索要电话的方式其实是很幼稚的。

其实，无论谁第一次搭话都会紧张，甚至可能会造成搭话思路的停顿。有的人会因为搭话不成功而变得更加害羞。说到底害羞男如何突破搭话的心理障碍呢?

1. 多实践，让自己在搭话实践中成长起来。要知道，搭话并没有多可怕。

2. 不要将每一次搭话都看成是人生中的最后一次。要知道，那只是个开始，决定着你以后爱情和事业能否到达巅峰的开始。

3. 克服困难，不要一次就被打败。记住，坚强才是硬道理。这一次失败的搭话，将会是下一次更好搭话的开端。

4. 第一次搭话只是搭话的一次预热，建议第一次搭话不要找自己最看好的那个人，不然若真的失败了，可能挽回的希望不大。

多多训练吧！希望害羞男们早日在搭话中成长起来。

场景不同，如何搭话

总是会听到有搭话失败的人，说“怎么老在错地方遇见对的人呢？”场景不同，有时候真的能够影响搭话的效果。其实每个地方都有其独特且有利的搭话条件。搭话的时候，最好先分析一下所谓的“天时地利人和”，再做出行动。

下面就为大家提供一些搭话的较佳场合。

1. 大学校园

校园是一个比较单纯的环境，因此女生对异性的搭话会感到放心。自修室是学生集中的地方，流动性也不强，可以让你好好把握时机。但是你最好不要在搭话目标看书的时候去打扰她，建议等到她在书架找书的时候，或在饮水机、厕所旁等地方制造偶然碰到她的机会。

你可以先找一个离目标近的位子坐下来看一会书，再向她借笔或纸。然后继续看你的书，等她起来出去时，你找一个能在教室外面碰见她的机会，向她道谢，这样你就可以顺理成章地开始搭话。

你也可以在她离座出去时，放一张纸在她的座位上，写上诸如："你的头发护理得很好啊！"表示你想请教她护发的经验。再附上你的联系方式，建议你写上手机号，她往往会回你短信。

还有，别忘了查看校园里的讲座安排，另外学校周围的咖啡店、图书馆、戏剧院、比萨店、酒吧和商店也是最佳搭话的地点。

2. 图书馆

你要去摆放女人感兴趣的书的区域。查看一下时间安排表，看看什么时候有很多女人会去参加的讲座。下面介绍一个图书馆搭话的方法。

首先，要做好前期准备。

（1）踩点，哪里美女多就往哪去。

（2）有些图书馆有座位，你可以在那先占个座位，放上笔记本、一瓶水。如果美女和你是邻位，你们在一起自习好几次，你就有机会了。

（3）带上一本新的草稿纸和笔。

（4）选准目标，在目标对象附近找个座位，最好是在侧对面找。如果没有，坐在其左右也都可以。

（5）检验。你可以装着去洗手间洗手或上厕所，检验一下目标长得是不是你很心仪的那种，有时候难免有看走眼的时候，盲目的搭话是无谓的。

其次，先在她旁边坐一会，就开始进攻。

（1）直接写纸条。

根据不同的搭话对象，可以写不同的内容。

例如，同学你好有气质，可不可以认识一下，交个朋友？如果可以的话，请把你的电话号码（或QQ、微信号）写在这张纸上。如果不可以，就让我们默默看书吧。

写纸条的成功率大概是70%，因为美女们会有戒心，除非她很空虚，否则……

（2）更高级的一招，问话式，成功率98%以上。

①看她在看什么书，如果是哲学的话，你就问她："嗨，你是学马哲的吗？"

②捡东西，借东西。

捡东西：故意把笔盖掉在她座位附近，然后请她帮你捡起笔盖，很有礼貌地对她说声"谢谢"。记着要面带微笑，之后你们就熟了。

借东西："同学，可以借一下笔吗？"

借完之后，你可以夸她的笔好看，也可以夸用她的笔写字。如果她愿意和你搭话，你就成功了一半，然后你可以客气地说："谢谢你，可以加下一下你的QQ或者微信吗？"

一般，她不会因为你的礼貌，而拒绝你的。

3. 书店

书店的环境能让女性有安全感，而且爱看书的男人能给人不错的感觉，所以书店是搭话的好地方。

你去书店时，最好先把整个书店快速地逛一圈。要是发现目标，就在她附近随便挑本书，仔细确认她是否是你喜欢的类型（这也是书店的优势，给了你足够的时间）。

如果目标确定，你也找一本书，在她的旁边看书，找机会观察她看的是什么书。你可以直接就书的内容、书名和作者跟她聊起，开场套话甚至都可略过，可以像两个书友交流心得一样展开你们的交谈。

如果你看过相关书籍，可以推荐几本给她。你可以说对她在看的主题很感兴趣，让她推荐几本书给你。要是你能跟她交换阅读心得，让她觉得你们有共同的话题和兴趣，那就太完美了。

4. 民间组织、宗教团体、政治团体、慈善机构

这些组织都会定期聚会，是结识陌生人的好地方。他们搞活动的时候总是需要一些帮助，所以要利用这个机会，为他们的活动提供义务帮忙，比如用你的车接送跳舞的人或者载东西等。这样，你就可以邂逅参加活动的异性。

5. 聚会、节日庆祝

如果是聚会肯定是朋友的朋友一起，或者都是某个人的朋友，这样的话，大家已经有了一个共同点，并且很多人是友善的。你可以直接前去搭话，介绍自己给别人，也可以介绍认识的给不认识的人。请记住一个原则，就是你想要让大家都记住你，不要闷头吃东西。你可以多帮其他人做一些力所能及的事情，因为朋友聚会一般是自助的，你多做些义务劳动，把这个场所里的人都当成朋友，自然你的朋友就会多起来了。

6. 时装表演、珠宝批发展览会、车展

在这些地方工作的女人都会穿得很漂亮，而且有时间跟你说话。这里的女人喜欢华丽、昂贵的东西。所以，你不要穿 T 恤衫和牛仔裤，要穿得帅一点。

7. 健身俱乐部、体育馆、舞蹈教室

记住，这些地方的女人都喜欢健美的男人。她们穿着紧身衣，她们知道你在看她们。在这里认识异性更加具有私人化，因为这里只有一个教练对着你们大家说话，你可以很容易地接触到其他异性学员。

8. 名人演讲、公共会议

这是一个认识新人的好方法。你可以准备早点去，在会议室外面的主席台周围走走，就会有机会与很多女孩子聊天。

在会上呆久一点，而且要多提问，多留意并记住你看到的女人。如果研讨会在酒店召开，会议结束以后，你可以到吧台看看有无你记住的脸孔。

如果你有其他意愿，比如你想找人签名、心中有某个疑惑。演讲或会议结束后你可以留下来讨论问题，与人们沟通。

9. 博物馆、科学馆

在这两个地方你要表现得高贵优雅一点。要多留意，记住你见到的女人，因为你可能稍后会在博物馆里的其他展室里见到她们。你必须明白，你所见到的女孩，可能她也在检验你。

10. 展览会（摄影展、书展、艺术展）

这些活动场合，总是能吸引很多女人，男搭女的机会相当多。在这些场合你能够找到受过良好教育、气质优雅、自信的女人。

你可以去参加有关摄影的研讨会、讲座或演讲。如果你不认识那些艺术家或者作品，也要显示出自信心。

当然，如果你与一名熟悉这个展览会的女人搭话，大可请她解释给你听。

11. 招聘会

现在每年毕业季都会有很多招聘会。如果你能多认识几个负责招聘的人，对你的工作将会有很大帮助。当然如果你只是认识一同参加招聘的朋友，因为同样的目的，说不定你们可以，分享应聘的心得，互相提供可靠的招聘信息。同时也会获取一份友情或是爱情。

12. 靠近办公楼、商业中心的用餐场所

靠近办公楼、商业中心的餐馆、食堂吃饭的女人，一般穿得比较漂亮，所以你也要穿起来干净、体面的衣服。另外，女人喜欢买鞋子，她们在这方面是专家。所以，你别穿旧鞋子，否则她们肯定会注意到的。

13. 居民区附近的小公园、儿童娱乐场

有一个小孩子跟你一起去就最好了。在这些场合，你可以遇到一带小孩人的女人。她们一般对感情专一、喜欢孩子、有财务保障的成熟男人感兴趣。

14. 沙滩、游泳池

别忘了带上防晒霜和太阳伞。当你正跟女人聊天的时候，

如果你发现太阳晒到她了，你可以让她到你的伞下面来遮阳。

你还可以到处走走，但要保持忙碌的状态，打打球，扔扔飞盘，随便做点事情，以便让你看起来友好且平易近人。这将有助于你跟这场合中的异性搭上话。

15. 购物中心

购物中心购物时，你可以跟漂亮的女售货员聊天，即使不能做朋友，也能帮助你提升你的搭话技巧。当然，最好在他们不忙的时候试着搭话。至于女顾客，可以通过征求她们的意见来打破沉默，认识她们。

16. 超市

超市和购物中心差不多，都是前来购买东西的人。但一般超市开在小区，购物的都是邻近的人群，说不准你就能认识某个住在你周围的人。运气好的话你们能多会多次见面，等机会成熟，就可以邀约去吃饭或者去玩，这样你就会有机会成为很好的朋友。

17. 单身见面会、俱乐部、舞会

一般这些场所，去了就是为了多认识人，所以你一定要多一些直接搭话。如果你有朋友一起，最好分头去寻找自己想搭

话的人。

要知道这些场景和地点选好后才能进入真正的搭话，根据不同的地点寻找搭话的契机，并且按照契机谨慎进行，搭话便没有那么恐怖了。聪明的搭话者都明白，很多时候地点是最好的搭话武器。我们完全可以把地点作为搭话的中心话题，如“这个地方你曾经来过吗？”“请问 ×× 大街怎么走？”“这叫什么地方？”“我好像迷路了？”。如果你能将场景利用起来，这样的搭话就能走向巅峰。

当然，有时候，即使你是善意、礼貌地和别人说话，但没办法，对方就是一个情绪不佳或没有幽默感的人。不要试着说服对方，因为也许她活了几十年，一直把搭话当成一件邪恶的事，你不可能在短短的几分钟内说服她。

赶快把她带给你挫败感丢进你的情绪垃圾筒里，积极去找另一个愿意跟你做朋友也愿意了解和欣赏你的人聊天搭话吧！

高效结缘，摆正一切关系

什么都在提速，搭话一定要快！如果拖拖拉拉的，就将自己的好缘分拖垮了！不过，所谓的“快”，绝对不是只说一句话，搭完转身就跑。搭话不能当做功课去做，要让搭话成为一个自我展现的方式。

很多人不懂得怎么展现自我，总是习惯拖拖拉拉地与人接触。一句话重复十遍，自己也不觉得多，语速几乎是1分钟7个字。这样的确够谨慎的，可是人家愿意听吗？这种搭话的成功率大约为10%。这样不但会拖烦了别人，也拖垮了自己。于是，高效结缘便成了一个比较热门的话题。那么，怎么让搭话高效起来呢？

1. 让自己成为“缘分友善者”

不论你是采取主动还是被动，让对方看出你是个容易亲近且乐于结缘的人，是搭话成功的首要条件。社会心理学的研究发现，那些面带微笑，乐于与别人进行目光接触，并能将肢体语言融入周边环境的人，就散发出“缘分友善者”的无敌迷人魅力。

所以，你应该主动和别人有目光交流，四目交会时轻轻点头，传达出尊重及友善之意。若在派对上，人人一杯酒，你手上也绝对不能空着；若有音乐，身体就该随之舞动。这么一来，对你有意者，以及你心有所仪者，都会乐于和你亲近。

2. 从环境找线索，优雅地开口

若直接上前说：“我很喜欢你，可以认识你吗？”运气好，你就会中头彩。不过，更多时候你会因吓到人而显得自讨没趣。最高明的做法，是从环境找线索，让你的开口显得大方而不突兀。

例如，在超市搭话，你可以问对方：“请教你一下，这个牌子的产品好吗？”在图书馆里，则可以这么说：“你借的这本书，我也很喜欢。”在咖啡馆内，可以问：“我第一次来这，你也是吗？”若能在开口前，有礼貌地加上一句：“真抱歉，打扰你，请问……”那就更讨人喜欢啦！

3. 称赞女人的气质，肯定男人的能力

有些男人对女人一开口就是：“你是我见过的最美丽的女人……”这种直接称赞，有时候反而让人心有戒备。若你想赞

美对方，最好是要针对她的气质：“我很欣赏像你这样文静优雅的女孩……”

而女人要主动结缘男士，从求助的角度，往往很容易获得正面回应：“我的手机出毛病了，能够请你帮我看看吗？”给男人机会展现能力，他们通常都乐此不疲。

女人要称赞男人，也可以用较为迂回的方式。在男人为你作出体贴服务时，最好的称赞不是：“哇，你好体贴哦！”更高明的回应是：“你知道吗，我很欣赏体贴的男人。”这样表态，对方心知肚明，又不至于太过露骨。接下来进退都合宜，万一郎君无意，你也不会尴尬。

4. 声东击西，悄然出击

若看到心仪的异性，却又不适宜直接开口，你可以先找一个与她（他）同性的对象，开口聊天，音量放大一些：“嗨，你好！我是某某某，你是一个人来的吗？”以此开始两人的交谈。

几句话之后，你可以很不经意地转向那位被你锁定目标的异性，邀请她（他）加入你们的对话：“嘿，那你呢？你是怎么认识派对主人的？”人们不被他人刻意搭话，而是受邀加入一个已进行的谈话时，通常都乐意参与。

所以，你去参加派对，找一位同性朋友结伴，就可以发挥这个做法的功效。不过你要记得，当谈话渐入佳境时，这位伙伴就该找理由消失啦，才能为你们两人创造单独深聊的机会。

5. 创造再次见面的机缘

别忘了把初次结缘衍生成长期的互动。如聊到两个人共同的爱好时，你可以这样说：“那太好了，我有一群朋友都是影迷，下次我们看电影时叫上你吧！”或者说：“请留个联系方式，下次一定找你！”或是简单大方地说：“今天跟你聊天很开心，下回有空再一起交换心得。先留个联系方式吧！”

与人搭话是结缘的高效做法，要想找到幸福，就请你兴高采烈地将搭话进行到底吧！我们要明白的是，现在社会无论男女，想要找自己喜欢的，等着鱼儿上钩的办法早已不可行了。况且，通讯如此发达，每一个人想多认识一个人已经变得异常容易。所以，多多地去结缘吧！把自己欣赏的人都收入囊中。

#“网搭”要如何进行呢？#

对于“网搭”，你知道多少？现今不会用电脑的人可是少数，会用电脑的当然少不了网络聊天。很多人被“网上都是骗子”这样的话所困扰，当然不是所有会“网搭”的人都是骗子。

精通“网搭”虽然并不代表事业一定会成功，但一般说来，经常“网搭”成功的人士的社交范围都很广泛。可能你一次精彩的“网搭”却能成为人生中最美丽的邂逅。一般来说，男士常常是网搭的发起者和主动人，其实对于男士来说，那么，应如何进行“网搭”呢？

1. 狂轰滥炸型。“你的名字很有寓意！”“你一定长得很帅！”“我感觉你很有气质！”“我对你一见钟情！”……这样猛烈的攻势，往往能让对方缴械投降。

2. 和风细雨型。“你吃过饭了吗？”“别玩太晚，注意休息”，“我只想找个可以谈心的朋友，说说话”不知不觉，他很快就会走进你的心田。

3. 苦大仇深型。“我的心觉得很冷”，“我想家，想家里的温暖”，“我一个人好无聊呀！”

一般具有男子气概的人，都会想要保护弱小，同情可怜的人。把自己说的无助、孤单，说不准他就会想要保护你，从而多和你聊聊天。

4. 直截了当型。“想要找女朋友的加我”，“你想和我聊聊吗？”如此鲜明直接，倒是符合现代人高效率的作风。

5. 循循善诱型。“心声至高无上，我们要听从它的召唤”，“你完全有资格享受你的人生”，“人生苦短，不能亏待自己”，以入情入理的分析诱导对方，使其在思想上掀起轩然大波。

6. 自我表现型。首先要起个能让人眼前一亮的网名，然后设计颇具风格的个性签名、个人说明。与对方交谈，说话表意恰到好处。总之，你进行了精心的准备和包装，会让对方觉得你很不错。

以上六种人，相信每个人都经常遇见，看完后，你有没有想试试的念头呢？其实，对于“网搭”，大家都不会有太大的恐惧心理。因为，两个人不是面对面的搭话，就会减缓搭话的压力。

那么，如何让自己的网搭成功几率高一些呢？网络搭话的技巧很多，多注意一下细节会将搭话整体做得很好。下面介绍一下“网搭”需要注意的几个问题：

1. “网搭”的时候一定要真诚，否则更容易被误认为骗子。

2. 对于“网搭”的对象一定要试探，不能把所有的对象都当成一种人来对待，没有见过的人是很神秘的，所以需要根据状况随机应变。

3. 要以对方为重点，话题要围绕着对方，让她觉得你和她之间没有距离感，这样才能更好地进行“网搭”。

4. 为了保证“网搭”的顺利进行，搭话的语言千万不能轻浮。不然，就算你再善良，也会被列入黑名单。

5. 不要让搭话进行得太快。太快的搭话会给人带来不真实的感觉，并且成功的概率很小。

如果你是内向性格的人，网搭相对来说，更适合你一些。看完以上如何进行网搭，和网搭的注意事项后。你可以试着对喜欢的人，搭话聊天，增进感情了。

每次在途中，总是遇到不同的人

人生是一场长长的旅途，那么每一次旅途都是一个短短的人生。每次旅途总会认识不同的人，见到不同的风景。有时候我们在旅途中收获的体验、感悟、认识的人，可能会影响我们一生。所以，无论是短途坐汽车，还是长途坐火车、飞机，我们都有机会去认识新的朋友。

有了机会，如何和陌生人搭话呢？

例如，在公交车上。有些美女会着急回家或者上班，所以会有意忽略搭话者的存在。面对这样的状况，很多人们对公交车搭话抱有恐惧心理。其实，注意一下自己搭话的方法，就可以了。

上车以后，如果对方在看公交车上的站牌，你可以用礼貌的口气问那个美女“到 ×× 地方该乘什么车”，“哪一路公交车到 ×× 地方”之类的问题。然后，不仅帮了对方，获得了她的好感，还知道了她在哪一站下车。如果对方去的地方距离太短，你不忙的话，可以说你也在那一站下车，然后一起下车。如果对方要去的地方距离过长，你可以多坐两站。

毕竟，公交车走了一班，还有下一班，但眼前这个让你惊艳的女生一旦离开你的视线，就可能永远消失在你的生命里。

如果是乘坐长途汽车、火车或飞机，只要你主动搭话，对方一般是很高兴的。尤其是独自乘坐的人,他们更高兴与你聊天。

而且因为时间长，你可以多一些时间了解对方，对你反而是有利。

在这种情形下，我们推荐“诚实搭话法”。你可以告诉她你很想认识一下；最好再告诉她，你的目的地，以拉近她和你的心理距离。如果对方的身上有什么特别的饰品配件，例如漂亮的包包或服装之类的，你都可以用来引起话题。另外，如果对方带了书、手机、甚至她刚才和朋友在电话里聊天的内容，都是你可以用来和她说话的借口。

假设你听到那个你想认识的女生刚和朋友说完话，而聊天的话题是《琅琊榜》或《芈月传》的时候，你就可以问她：“对不起，我刚才不小心听到你和朋友在谈最近热播的电视剧。请问很好看吗？”借此开始你和她的对话。如果你自己看过这部电视剧，或者看过相关的书籍和报道，对方会特别愿意和你聊下去，也会觉得这样的搭话是自然而然的，甚至是知性的，因为你的博学和艺术涵养让她印象深刻。

不过，无论如何要记得，搭话时不要想东想西，顾虑太多，否则会白白放弃了认识对方的机会，甚至于有可能这辈子你们都不会再见面了。

关心失意的人，你会有惊喜的收获

对方在伤心的时候，我们要去劝慰，这会增加对方对你的好感和依赖感，有利于进一步建立信任。下面我们来看一个搭话高手发在网上的亲身经历。

某天我心情还不错，吃完晚饭就出去散步。

在广场上，我看见一个女孩子在那边哭，擦着眼泪，明显是失意了。

我拿着相机装出拍前面的景致，然后自然地坐在了她的旁边，还是继续我的工作，面对着她说了句："你为什么哭啊？"之后继续我自己的工作。

她显然没听见，我随即又说："和你说话呢！"她回头看看我说："你说什么？"我回道："刚看你哭得挺伤心的，我是学心理学的，看你咬着嘴角，显然是遇到了纠结的事。"

她没说什么，继续哭。我说："人生不如意十有八九，不要太放在心上。"她又哭了一会儿，说声"谢谢"就走了。

故事远远没有结束，我没有追她，继续我自己的事。就在我去河边时，又一次看见她坐在石凳上，她也看见我了。

这时她对我已经不再陌生。“真巧，在这儿又遇见你了。”我先上前搭话，边说边坐在了她的旁边。接着，我继续说：“知道你现在心情不好。忘记和你说了，我在这边工作，今天休息就来河边走走。

“没有吓到你吧？我知道我有点像黑社会的，如果领着两个小弟在后边是不是很拉风？鬼神见了也要避之不及啊！我就是传说中的白天吓人，晚上吓鬼！”

她听完笑了笑，说：“你真幽默。”

我说：“谢谢！我没有‘默’。”用有默转换了一下幽默，她听后，再一次笑起来。

接着，我们就愉快地聊了起来，她介绍了自己，我也介绍了自己，后来我给了她我的名片，要了她的 QQ！

最后，我们还一起在附近的小店里吃了饭。最后，一起到公交站点才分开了。晚上的时候，我又发了一些信息给她，因为一般晚上是人内心比较脆弱的时候，多多关心对她来说，很有用。她也无所不谈，后来我们成为了很好的朋友。

失意的女人每时每刻都在我们身边。男人要有男子汉气概，遇到哪个正处于情绪低落状态的女人时，主动搭话吧！就算是最终没有和对方怎么样,想想自己能帮助一个受伤人抚平创伤,也是很开心的。

当然无论男女都有失意或者脆弱的时候。有时候男的甚至比女的更需要关心，这个时候，去关心他，你和他的关系就能迅速增温。

如果你喜欢他，更应该在此时，伸出你的友谊之手。即使他不会选你做男朋友，你们也能成为很好的朋友，如果能够因此多一个知心朋友，那么何乐而不为呢?

随时储备与人搭话的知识

1. 多看看书，借鉴一些句子，然后成功地融入到自己的话语中，别把话说得太死板，要常常锻炼改进。

2. 常出席一些社交活动也是提升口才表达力的办法，人多的交流是让一个人告别“没话”的最好办法。

3. 学唱一些快歌。很多搭话者都有这样的毛病，就是搭话的语速慢，这其实就是不自信的表现。对方每说一句话，自己就要找对应的方法，当然说得慢了。可见，提升语速也是提升搭话成功概率的好办法。

4. 为提高表达力，可以选择看一些煽情的电影，然后强迫自己写一个影评，再讲述给朋友们听。这样，表达力就会大大地提升。

5. 说话不要将自己推进死角。有些人说着说着，突然发现自己的问题自己都解答不了，那么他的搭话只有死路一条了。所以，要学会随机应变，要用最快的速度去想明白自己要说的是什么。

总之，有了平时的知识储备，你与人搭话的成功率才会高。

Chapter Four

想成功搭话需要修炼的基础课

“无论做什么事情都要付出。想要成功做任何事，都需要有扎实的基本功。同样，你想搭话成功，也需要从零开始学习。想搭话什么人不要紧，要紧的是你是否从来没有去搭过话。”

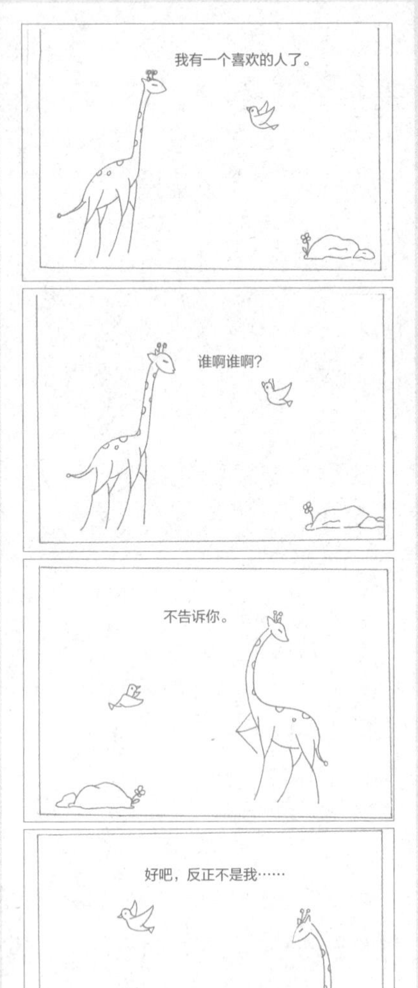
我有一个喜欢的人了。
谁啊谁啊？
不告诉你。
好吧，反正不是我……

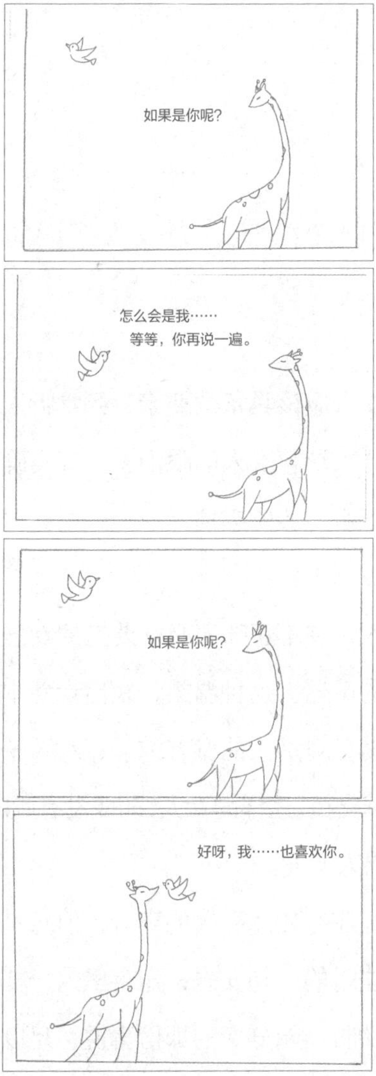
如果是你呢？
怎么会是我……
等等，你再说一遍。
如果是你呢？
好呀，我……也喜欢你。

做个温柔和自信的女人，是女人搭话的底气所在

温柔是每个女人应该具备的要素，经常听人们说：“女人是水做的”，由此来形容女人的眼泪多。其实确切地说，它还是用来形容女人似水一般的柔情。在男人的心目中，女人的魅力首选就是温柔。

有魅力的女人，并不意味着必须要扮演女强人的角色，温柔是女人最有力的武器。这种温柔，来自女性本质的善良，对弱者的同情和帮助；对别人的宽容谅解；对孩子的细心照料；对所爱之人的理解支持。这样的女人，即使没有倾国倾城的容貌，也一定是最值得男人所爱。

温柔的女人并非有如沐春风的声音，但却具备如春风化雨的言语。心情不佳时的一句安慰；寒夜里的一杯热茶；失意时的一声鼓励；成功时一起分享的那份喜悦，足以令男人难以忘怀。所以温柔的女人是善良的女人，是对生活充满信心和希望的女人。

男人有时也会像一个长不大的孩子，需要女人用温柔来缓解他的压力，用温柔去爱抚他、关心他，用温柔来给他营造一个心灵的栖息地，让他能放松的休息，养精蓄锐，去迎接更激烈的竞争。一个温柔的女人也是感性的，无论她的思考、语调、一举手一投足，都有很强的感染力，让人与你的思维一起翩翩起舞的说话风格，怎能不打动男人，能够给男人如此动力的女人，在男人眼里无疑是最具有魅力的。

女人的性格多是温柔可人的，这点让男人们欣喜不已。据说，女人吸引男人的优点排在第一位的既不是美丽也不是聪明，而是温柔。温柔也是女人的天性！世上即使有刀枪不入的男人，也绝对没有能抵挡得住女人温柔的男人。女人的温柔背后蕴藏着巨大的力量，所以女人常常在其特有的背景下创造出一些男人们无法望其项背的奇迹来。男人通过武力征服世界，女人则通过温柔征服男人，同样征服世界，温柔的力量可见一斑。

男人为何喜欢温柔的女人，因为他们内心很脆弱，不像外表般坚强，他们需要妻子的柔情似水，柔声细语，轻怜蜜爱。你若有温雅如兰的外表和气质，有吐气如兰的声音，有含情脉脉的眼波，他们很容易化百炼钢为绕指柔的。

温瑞安有本书叫《温柔一刀》，温柔，可以杀死一个男人的，对于男人，那是致命的诱惑。自古“英雄难过美人关”，那不是因为女人的美丽打动了男人，而是女人的温柔征服了男人，所以，女人不一定要美丽，只要她柔情似水，不咄咄逼人，那么她在男人眼里就永远是最美的！男人有时在外面工作的很累，女人用温柔可以化解他们的压力，让他们获得心理上的放松，有时一个温柔爱怜的眼神会胜过平淡的万语千言，所以，只有懂得温柔的女人才是最聪明的，她们知道怎样去爱男人，怎样才能让男人更爱她们！也可以说，温柔是女人搭话的通行证。

另外，自信的女人最美丽，也最有魅力，通常一个舞会上的女王不一定最漂亮，但是她一定最自信的。不自信，即使面对心仪的人搭话，也有可能会抓不住。更不敢说是去追求所爱了。有句话说得好：“现实中的恐惧，远比不上想象中的恐惧那么可怕。”

女人搭话男人，不仅要温柔，更需要自信，只要你勇敢面对，别去想那么多的不可能，鼓起勇气多搭话几次，你的自信心才会慢慢地高涨起来。你才能够通过自己表现出来的魅力，才能够清楚表达你自己的愿望和想法，让你中意的人对你有兴趣，吸引到更多喜欢你的人。

男人也要仪容整洁

一般来说，男士们很少关心自己的仪容，仿佛他们只有相信智慧和财富才是唯一吸引其他人欣赏自己的方法。有的男人甚至宣扬他连基本的洗脸清洁用品也不用，真让人怀疑，难道每一位男士都已经非常满意自己的脸的清洁了吗？

对于大多数男人来说，工作压力大，负担着家庭的大部分支出，但是这不能当成邋遢的理由。因为整洁的仪容，不仅仅不会影响一个人的工作能力，还会为男人的事业有成加分不少。不信，就看看周围的成功人士吧？你一定会发现，很多成功人士本身仪容方面是很整洁的。

其实，人类爱美、好打扮是与生俱来的。早在我国汉朝时，西方古罗马时，就有男人化妆打扮的记载。对于现代男士来说，虽然不要求像女士那样的化妆打扮。可是，最起码的仪容整洁还是要的。因为，如果一个男士太过邋遢，就会无形中给人一种不想接近的感觉。曾经听过一个朋友说过，他们公司因为有一个男同事身上有味道。新招聘的同事，安排的位置刚好是在那位男士的旁边，结果新招聘来的同事，接二连三都辞职了。私底下有同事问那些新员工辞职的原因，竟然都是受不了那位男同事身上的味道。

仪容整洁对于现代的男士来说，要求并不过分。首先做到：保持脸部的清洁，给人一张清洁的脸；经常清洗头发，让头发清清爽爽。脸部和头部的清洁是一个人最先让别人看到的地方，也是陌生搭话者的名片，所以这是最先要做到的。

其次要做到的是：经常洗澡身上不要有异味；手要干净，经常听说手是一个人的第二张脸，因此也不能忽视手部的干净。

最后，就是服饰的干净合宜。人们常说，人靠衣装。穿衣风格很多时候是一个人风格和精神面貌。前段时间朋友圈流行一个视频，说的是一位男士，穿了不同的衣服出门的两种效果。第一次他穿的衣服很普通甚至有点像流浪汉的衣服，结果他假装残疾人跌倒以后，根本无人搭理，行人看见他都躲得远远的。而第二次，他穿上一身正装出门，结果过马路被人扶，跌倒被人扶，我们看到了很多好心肠的路人，无论小孩还是大人。一幅幅感动的画面，确实让人感慨到人间处处都有爱。相比第一次出门的情况，真的让人感觉到注重着装对一个人的重要性。

总之，仪容整洁是进行礼仪交往的必要条件。无论是谁，想要受欢迎，首先从自己的仪容整洁做起吧。

与人搭话拿捏分寸，不乱说

有些新手与陌生人搭话的时候存在这样一个问题——在对方表示没兴趣之后还要不要继续搭。

其实，我们不妨将这个与推销员作比较，我们总是能收到这样那样的广告宣传。有个人就曾在朋友圈写到：其实那些做推销的，一打电话过来，我即使接了也只会礼貌地说个好，放在旁边，不去听的。所以我理解，自己喜欢的人，有时候只是回复一个“嗯”“呵呵”什么的心理。人家不回复自己，就像我刚好要忙，把推销电话挂掉一样，因为根本不感兴趣。

所以说，在与人搭话时，千万要关注搭话对象的态度。如果对方表明了没有兴趣，最好直接换话题。不然，被拒绝是小事，惹人厌烦才是大事。

对于初次见面搭话，我们要记住以下这些问题。首先不要从背后去跟陌生人打招呼，尤其是跟陌生女孩搭话一定要光明磊落，背后的搭话往往会让别人觉得没有安全感。男人和女人搭话时最常犯的一个错误，就是不了解女人对于安全感的本能需求。女人毕竟不像男人一样有强壮的体魄，因此当她们和陌生的男人聊天时，通常会置身于“容易受伤”的处境。所以，她们会自然而然地构建起一个“保护层”来防御可能遇到的伤害。

很多人以为随便说说就行，其实不然，言由心生，语言在某种程度上也是衡量一个人的标准。

有时候安全感的建立很难，可是要打破却很容易。另外，长时间近距离跟踪，也是打破安全感的内容。大家都知道“尾随”，无论是什么原因，总归是不好的，这个行为的弊端极大。如果真的想要和一个人搭话又没有时机的话，就尽量离其远一些，然后找到最近的对你比较有利的地方，不要犹豫，直接上去打招呼搭话。

很多人喜欢在搭话的时候拦住对方。当然你心理上会觉得，你现在很安全，猎物被你拦下来，不会逃跑了。可是对方会觉得，他拦我做什么？难道有什么企图？关于这个问题，我们可以看下面这个例子。

某个学校的商店外，小王看到一位刚刚买完东西的学妹，从后面看背景很苗条，披肩长发，看上去是那么的清纯。于是小王加快步伐，想追上去打个招呼，可是追上去后，他又不敢了。跟在人身后，犹豫着走了很久，到了一个转弯，小王心一横，一下子就冲上前去挡在了女孩面前。那女孩先是一愣，然后结结巴巴地问："你……你……你要干什么？"

小王一听，八成是把自己当成坏人了，于是赶忙解释。可是，因为心理紧张，他说话竟然结巴起来，声音颤抖地说："我……你……"

女孩吓得撒腿就跑，刚买的东西都扔掉了。小王愣愣地站在路边，过了好几分钟才缓过劲来……

所以，想找人搭话要注意言行，不能让自己看上去像个坏人。小王一直跟踪，已经让人家起了疑心，又在人少转弯的时候蹿出来，不吓着人反而奇怪了。

要想搭话成功，还得多练习微笑，温暖阳光的笑容是拉近人与人之间的距离的法宝。严肃和冷融冰霜的表情怎么会搭话成功呢。当然如果对方接受你的搭话，或是反应热烈，你就不要太过拘泥，应"乘胜追击"。不过，在交谈的时候（接触时间不长的情况下）需要注意以下两点：

第一，不为提问而提问。有些时候人们在"没话"的时候，通常会问一些奇怪的问题。例如，明明刚问了对方的年龄，接着又问一句："你贵庚啊？"这无疑是一个可笑的问题，却反映出了搭话者心理的恐惧。搭话的时候，往往越是注意自己的言行，越是容易在言行上被判死刑。所以，搭话的时候尽量不要去问话，最好是能一直说陈述语句，并且不要去等待对方的回答。

你可以很开朗、很自然地笑，但是请不要露出猥琐的表情。这也是搭话高手们常犯的毛病，也许你很有目的性，但是要记得，并不是所有的女性都能容忍得了“有点坏”的男人。要知道，有的时候女人交朋友也是本着永恒的定义进行的。

第二，说话声音不要太大。当你演讲的时候，嗓门大可能会得到别人的尊重。不过换成与不认识的人搭话的话，可能就太不合时宜了。特别是在公共场所找人搭话的时候，嗓门太大会显得你很没有素养。

总之，在搭话时，言行谨慎十分重要。我们的言行就是自身的另一个标志，有时这个标志会成为自身的代表，所以谨慎的言行也是最受追捧的搭话守则。

一次成功的搭话，需要多次刻苦训练

在类似于相亲会的场合中，男性总是希望把自己扮成是一个不怎么强势、没有城府的人。

事实上，在初期的相互接触中，也就是从男性发出想要亲近的信号，直到女性决定是否与其亲密接触的那段时间，女性总是处于控制地位，而大部分男性总是在某一方面显示出他们的力不从心。

因此，如何组织好自己的语言，就成了男性们必须面对的问题。搭话的方法固然重要，而相对来说，搭话的语言攻势应该是更加强大的。

即便是一个人的胆子很大，或者有很强的毅力，可是如果没有搭话的技巧，那么一切都将是泡影。所以，如果你想第一次搭话就成功的话，一定要学会运用自己的语言攻势，将自己的搭话推到高潮。

不少人都有过这样的感受：同样的一个话题，别人讲起来头头是道、实实在在，而由自己来讲，总是干巴巴的，甚至不带一点色彩，几句话一出便无话可说了。其实，善不善于运用举例法是一个很重要的原因。实际上，说话和做文章一样，都需要借助具体材料来说明和展开论点。在交谈中，为了表达自己的见解，列举一些事例可以起到说明和论证的作用，同时也有助于整个交谈话题的展开。

为了表示赞同对方的论点，举例可使对方感到交谈得很投机，有利于拓展话题。列举反对或否定对方论点的事例，也可引起对方的思考，进而也有益于对方交谈话题的深入讨论。当然，举例不是目的而是手段，因而选择的事例一定要恰当和典型，不可滥用。

如果和女孩搭话，刚认识她时，要尽量避免去赞美她的外表，而要侧重于她的特别之处，不管这个“特别”实质上是多么微不足道。例如，“你的鞋跟有多高？……你不像其他女孩一样，穿着这么高的鞋就摇得像个不倒翁。”开场白的赞美要含蓄，不留痕迹。赞美她时，切忌有意识地等着她的反应，但是一定不要让她觉察到。比如赞美完之后不能傻笑着等她回话，你要继续说下去。

又如在酒吧里，你先赞美她“你的项链挺好看”，然后转过身来跟你的朋友聊天，不要去看她，或者马上向酒保要一杯酒。如果她没有过来跟你搭话，稍后你可以直接以“嘿，‘项链女孩’……”为话头继续与她搭话。

如果情形是你直接表达了想认识对方，你表达这个愿望后，不要看着她等她说是否愿意，而要马上接着谈自己的情况，如你的工作等。好的开场白有如下几种。

1. “我的表坏了，请问现在几点了？”先把你的表调慢或调快。

2. “我宿舍的人说你是校花，有那么多男孩追求你，你每天都忙不过来了吧？”不管她是不是校花，她必定会否认一番，而且你在明知有很多人追她的情况下，还主动跟她搭话，会给她留下你很自信的印象。

3. “喂，您怎么这么白（或这么高）？”这样的搭话其实是带有夸赞的意味，一般不会被拒绝。而且又很简洁大方。

与人搭话，除了要有好的开场白之外，还要关注交谈中的自我角色扮演。如果你是气场强的控制性角色，对方是你的受众，那么你需要具备明事达理的修养，不能信口开河，不能不辨是非。如果你自己扮演听众的角色，那么你需要耐心、细心的心理素质，说话不能脱离特定的话题，要有针对性，尽量避免出现偏差。出于某些特殊原因，有的场合，还要灵活应对，有意制造出偏差。如果你和对方处于相对自由的交际之中。这种角色是我们常见的陌生人搭话，谁不受谁的控制，完全没有交际目的。这样的话，你需要多制造一些话题，把自己积累的有关你们谈话的内容丰富起来，给对方留下一个好的印象。

当然，一个人和自己想认识的人搭话，是自然而然的事，不必附加上太多道德色彩。爱美之心人皆有之，诚实地面对自己想要认识异性的想法和感觉，不要束缚压抑自己的交际需要，不要太在意他人的眼光。正确把握时机，尽可能促使不自觉向自觉转化，持久训练，严格要求，必然能够得心应手，提高与人搭话的艺术水平。

不可不知的搭话培训五部曲

搭话需要训练，当然也需要一些专业的指导思想。在这里我们将这些指导思想总结成五部曲。

第一部：懂搭话的进退术语

搭话是两个人的事情，一寄一还、一应一答缺一不可。在这种一进一退的搭话过程中，如何让自己立于不败之地呢？看看下面几个搭话术语。

1. 打压。打压，即为了平衡自己的心理，缩小与被搭话者之间的差距，让其不再有居高临下的优越感。

你还可以看一下搭话之后对方的表情，如果对方有些不舒服，那么说明她对你是有感情投入的；如果没有，说明你还在一个人游戏。不过也不要过分地去打压，以免让对方产生厌恶情绪。

2. 进挪。进挪，任何形式的肢体接触，即“动觉”的简称。

这个有利于更进一步地建立信任感，同时也是对搭话者的一个鼓励。

3. 高价值展示。即展示自己强大的一面，有利于在被搭话者心中树立高大的形象。通常你可以适当地夸大一下自己，并判断对方是否对你有情感投入；如果没有的话，那么你的高价值展示在对方眼里如同小丑一般。

4. 低价值展示。即展示自己弱势的一面，有利于缩短与对方之间的距离，获得对方的信任感。通常可以说一些自己的糗事来达到目的。如果能够灵活地配合高价值展示来使用的话，看着对方听得入神的表情，可以说是一种享受。

5. 兴趣指标。对方暗示他对你或者你的话题感兴趣，这是一个很好的标志，表明你可以继续将搭话进行下去了。再接再厉吧！

第二部：搭话之前的心理建设

搭话之前要做到自己的心理建设，也就是做好思想基础。就像我们经常看到电影上会有一些战争动员，需要一番慷慨激扬的演讲后，才会群情激奋，雄赳赳上战场。而且这种动员非常重要如果没有做好，可能就会打败仗。那么我也想说，搭话之前的心理建设也是异常重要的。

（1）你认识的是一个人，而不是某个职业、身份。所以不管对方是什么身份、职位，她（他）在你面前只是一个人而已。不要被其他外在条件唬住，变得没有交往的勇气或者不屑理会。

（2）不要老是想着聊什么话题，如何表现。虽然第一印象相当重要，但是你在别人的心目中未必有那么重要，不要把自己看得太重了！

（3）开口，反正不会吃亏，可能就多一个朋友，最起码可以学到一些东西；不开口，你什么都得不到。

第三部：搭话的基本原则

无论是哪个爱情高手，都会讲搭话的最基本原则是开口，开口，开口！当然如何把握时机开口，就需要懂得以下原则了。

（1）3 秒钟原则。3 秒钟之内开口，不然你可能永远失去开口的勇气或者机会。

（2）废话原则。很多人总是想着几时开口，如何开口，但就是不开口。等他想好台词，良机也过去了，勇气也没有了。事实证明，最笨的方法往往是最有效的方法。一句“今天天气不错”看起来很笨，甚至令你也感到尴尬。但是往往对方看到你尴尬，反而会找一些跟你聊，免得你尴尬。其实，只要打破原有的平衡、原有的气氛就好。重要的不是说什么话，而是要打破平衡！

（3）灵活原则。说什么不是最重要的，重要的是对方的反应。所以，你说的一切，都要随着对方的反应而变化。

（4）适当示弱。这有很明显的好处，即对方容易放下对你的防备。比如问路，招数好像很旧了，但是为什么还是那么好用呢？就是因为它是示弱的一种方式，对方感觉自己处于强势，自然就不会过于防备。

（5）显示高价值。这个步骤是不能省的！假如你没有显示高价值，那么成功要到对方联系方式的概率是很低的。这个需要你在谈话的过程中，懂得抓住对方的需求点，然后再根据对方的需求点显示自己的高价值。

还有，先把自己介绍出去，这一点也是很重要的。在交往的过程中，适当地作自我透露。就算对方好像不想理你，你自顾自地说就是了。其实，对方是在听的，只是不好马上就和你聊而已。所以，懂得巧妙地显示高价值很重要。另外，名片也很有帮助，这个在这里就不详述了。

第四部：记得留下对方联系方式

这一步千万不要漏了，辛辛苦苦搭话、聊天，无非就是要留下对方的联系方式，不然努力就白费了。

留号有一个基本原则就是：让对方留下自己的联系方式！

例如，你可以这样说：“我的电话号码是13××××××××，你记一下。好了吗？你拨一个过来吧！”或是“你微信号是多少，我加一下你。”总之，自己要强势一些。不然以后打电话过去，不爽的是你。

第五部：搭话也需要总结经验

搭话失败，不可怕，被拒也很正常。不过你要把一次次的搭话失败，作为成功搭话的起点。所以有时候需要回顾一下你的搭话过程，给你自己的搭话做一次总结。比如，搭话失败可能是因为你今天没休息好的原因，表情不大自然，没有笑容的缘故。或许是你的时机不对，比如在人家男友打电话的时候搭话，是自讨没趣的行为。

当然，无论如何失败也不要带到自己的生活和工作中。搭话只不过是和陌生人聊天，失败了，于你的正常工作影响不大。你不能把自己的不开心带给别人。把搭话看成是一种乐趣吧，享受生活，享受搭话就行。

#搭话者的话题库，有Ta需要听的内容#

搭话的话题一直是困扰大家的东西，使得我们停留在无话说、不知道怎么说的状态。很多的时候，搭话会进入空白期，没有自己想说的，可是又不能不和对方说话。那么，我们所谓的话题都是什么呢?

比如，想知道对方的姓名和联系方式，要问什么问题呢?当你问她联系方式时，不要用“询问”的语气，要用“陈述”的语气。要注意的是不要问“可以留下你电话吗”，应该说“你电话是多少？我记一下你的电话”。其实，你可以说：“我记一下你的联系方式，以后有活动的时候叫上你，也叫上你朋友，大家一起玩。”这也是一个很好的话题。之所以补充说可以带朋友，就是让被搭者放下警惕，安心一些。

另外，很多搭话达人证明，先上网给对方写一封简单的电子邮件，是比先打电话更有效的开始。而且，电子邮件比较不会牵涉到骚扰的问题，比起留电话号码，她会更放心地留邮箱给还不熟悉的你。

这里还有一个技巧，如果情形允许，聊天的气氛又很好，你要了她的电话号码后，可以和她玩一下打电话的游戏。当场打给她，给她一个意外的惊喜。这样她会觉得你是一个有趣、有创意、有想法的人。

如果她是活泼型的，你甚至可以让她配合你玩个打电话游戏。让她假装很兴奋地接你电话，比如你可以让她说："哇，××（你），你打电话来我太高兴了！"最好还让她做出一些夸张的表情。这将为你们之间的交往开一个意想不到的好头。

下面我们来列举几种搭话过程中常会遇见的情形，以及应该如何应对。

1. 她就一个人走在你前面，怎么办？

这算是搭话过程中最多遇到的场面了，网上、书上已经提供了很多精彩开场。这时应该快步走到搭话对象身旁，距离一两米，然后开始假装打电话，其实就是对着手机自言自语。说话声音不用太高，能让她听清楚就够了。

记住，大声打电话会显得你的素质很低。至于自言自语说什么话就可以即兴发挥了。一般可以说以下这些内容：

“哦，我已经快到了，你还要多久？”（暗示你不是有意跟踪她）

“你带上球拍了吗？”（暗示你爱锻炼身体，各项身体机能都不会差）

“你的那本书我忘带了，不好意思。”（暗示自己有修养）

其实就是给对方一个心理缓冲期。因为对于那些特别谨慎的美女，一个男子突然上来搭话会使她立刻高度紧张，根本不可能听清你在讲什么。在这种情况下，你就是准备再精彩的开场白也是白搭。而假装打电话的作用就是通过自言自语，让她在没有压力的情况下获得你的初步信息，为你真正开始搭话铺平道路。

然后，你就可以收起手机，很自然地回过头，对她说：“你知道这儿离 ××× 健身房还有多远吗？”

……

这便可以让她觉得你是个可爱、有趣且成功的小伙子。

当然，这只是一个小花招。因为任何技巧使用多了，都会破坏搭话过程中的乐趣。所以多数时候，我们还是喜欢直接说声“你好”来开头。

2. 如何跟两个女孩搭话?

情况一：你想认识的美女旁边跟着一个较好看的女同伴，怎么办?

情况二：你想认识的美女旁边的同伴是个稍差一点的美女，怎么办?

跟两个女孩搭话的原则是：你一定要对着那个对你态度好的女孩不停地说话，即使她并不是你真正的目标，同时你也不要给那个对你态度不好的女孩开口的机会，目的就是为了拖延时间争取机会，最终要到你的目标对象的电话号码。

对于第一种情况，只需跟美女多聊聊。比如，你想请她们去喝咖啡，就直接跟美女说你的决定，只要美女表现出同意的迹象，马上回过头跟另一个女孩说："谢谢！"但你绝不能等美女去征求其同伴的意见，否则结果难料。

对于第二种情况，女人都有一个有趣的心理，即当两个女孩姿色相近，并且又有一个男人出现时，她们更多的是呈现竞争关系，通常是漂亮一些的那个会用矜持来表现自己的自信，而稍差一点的那个会用暧昧主动引起男人的兴趣。这时候搭话者利用她们之间的竞争，就能给自己创造机会。可以先多跟那个差点儿的聊，故意冷落你的真正目标，等到一定时间，那个漂亮的发现摆酷没有效果时，她自会主动加入。

3. 休闲娱乐的场所如何和陌生人搭话?

休闲娱乐的场所是个很好的搭话场所。这里的人本身就是来放松的，找个人说说话，聊聊天并没有什么不妥，对陌生人的警惕感也没有那么强。但是你要记住：不要上来就围绕着对方提各种问题，比如“你是做什么的？”“你是自己来的吗？”“你家住哪里？”等等。这样的问题会让美女有压力，也不要忙着说你自己，这样会有臭显摆的嫌疑。最好先聊一些关于第三方的话题，并且这个话题跟你们眼前的状态还有自然而然的联系。你可以谈谈自己的感受和看法，并在这个过程中激发美女的兴趣，寻找彼此的共鸣，等到时机成熟就可以确定下次是否见面，互相留下联系方式了。

4. 发现她而不是改变她

真正的搭话高手不一定是万人迷，但是他能及时准确地分辨出异性对自己的兴趣，他们绝不在没有希望的异性身上浪费时间。初次见面，你当然不会知道一个女孩早上吃了什么或者晚上想吃什么。但是，你还是能通过观察发现一些对自己有价值的信息。

搭话是一个做减法的过程，首先要认识很多对象，然后把其中对你不来电的先放在一边，剩下的才是你想要的美好生活的开始。

5. 跳出常规去解读她的话

当我们从意识层面克服了对搭话的认识障碍后，那些古板的观念依然会通过潜意识来影响我们的思维和言行。如何在这个层面挣脱束缚，是一个艰难的过程，需要我们不断地反省和挑战自己。有这样一个情景：

两个人在路上聊了十几分钟，当他向她要电话号码时，她却回答："对不起，我不太习惯给陌生人留电话。"

很多搭话者气焰这时都会被打压下去，有的人也许就哑巴了，有的人最多也只是无力地辩解："我只是想认识你呀！""朋友不都是从陌生人变过来的嘛！""认识一下也没什么不好啊！"……

下面我们来分析以上这些回答所折射出的思维定式。

"我不太习惯给陌生人留电话"——这句话对于一个内心不够强大的搭话者来说，立刻就会感到有压力而沉默不语。

成熟的搭话者应该是这样的：我坚信自己是对的，我只想找个机会能认识你，这就够了。接下来，就需要开动脑筋从她的只言片语中发现进攻的漏洞。

"我不太习惯给陌生人留电话"——再仔细分析这句话，

为什么要把焦点集中在“给陌生人留电话”而不是“我不太习惯”呢？对了，这就是关键。前者是环境舆论的大旗，后者是更具体的个人信息。

我们为什么要以卵击石，去跟环境对着干呢？所以，最佳回应就是——面不改色心不跳，然后一拍大腿真诚地接道：“说得太对了，不能给陌生人留电话！这事怎么能习惯呢？绝不能习惯！就只留这一次，咱们下不为例。”

虽然这样的回答不能保证100%能得到对方的电话号码，但至少可以让搭话行为变得有趣，至少也让你的每一句话都是为真实的自己而说的。把这个例子再伸延，你就会发现，我们其实总是习惯于解读对方话语中跟环境论调一致的那部分信息，同时也总是倾向于针对这部分信息进行交流。

这就是大多数人的思维方式，这种模式可以让世界安全和有序，但同时也少了许多碰撞和火花。经常让自己的思维跳出常理，是一件既有趣又有用的智力活动。这里再举一个例子：

有位男士对一位二十三四岁的美女很感兴趣，但双方之间不算很熟。因此，男士约过她两次，都被她拒绝了。

第三次再约时，她回短信说“我已经有男朋友了”，此时气氛立刻变得紧张。虽然男士只是约她吃饭，但被她这么回答，搞得好像他在求婚。

大脑高速运转 5 分钟之后，男士回道：“是吗？还以为你都结婚了呢！”美女马上回道：“呵呵，我有这么显老吗？”男士回道：“不老，只是一直觉得你有熟女风韵。”这时，气氛再度恢复融洽。

这又是以非传统方式解读对方话语的一个例证。“我已经有男朋友了”是 100% 拒绝人的套话，你照着她的意思理解，思路只能越走越窄，而把“男朋友”跟“老公”对比一下，就能启发她发现另一片广阔的天地。

6. 搭话时幽默的思考

搭话时如果你能幽默一些，往往会有起死回生或者锦上添花的效果，但这是可遇不可求的。这既对搭话者自身有一定要求，同时也依赖于被搭者的响应。比如，说“我不是坏人”是不幽默的。反之，“我看你不像坏人”，这倒真的是我们向对方搭话的一个原因。设想她如果是蛇蝎之心的话，就算再漂亮我们也不敢去结识呀！

中国传统文化不提倡当面讨论对方的人品，因此，“我看你不像坏人”这句话略带质疑成分的话，会被习惯性地阻挡在大脑思维之外。但是，认识陌生人算是一种特殊的社交，其本质就是要打破陈规，只要没有对对方不敬的言行，都可以接受，甚至还因为破除了常规，反而有助于拉近两人距离。

7. 地缘搭话学

很多搭话高手可能都有一种感觉，即不同场所的搭话成功率是不同的，而规模化密集式的搭话活动更证实了这个感觉的正确性。对于这种现象，可以用“乞丐同情心”来解释。比如，同一个扮相的乞丐，我在闹市区和居民区遇见，被激发出的同情心是有差别的。这种同情心来源于两个方面，一是对乞丐身份真实性的认可，二是对自己施舍重要性的评估。

这两个因素都会收到环境的影响，越是在闹市区，越容易觉得那个乞丐是在“演戏”。同时，即使他真的是穷人，我们也不觉得自己的帮助对他有多么重要，反正周围人多的是。

事实上，不少人对待前来搭话的人也会有同样的心理活动。

例如，在美女众多的繁华地段和美女搭话。她们一方面可能会想：“这家伙是不是专门在这里搭话女孩的。”另外，她们也可能会怀疑：“我在他眼里真的很特别吗？”

相应的地缘搭话理论可以这样表述：在那个场所，你出现的理由越自然，你所属的群体越明确，那么你搭话的成功率就越高。一般来说，从易到难是这样排列的：学校——写字楼——居民区——交通枢纽——商业区。

另外，搭话高手跟乞丐的不同在于，会多出一个干扰身份的因素。乞丐就是乞丐，往地上一跪，谁也不会把他当成卖艺的。但找人搭话的人经常被误会成推销员。

最美好的搭话都是发生在不经意之间，或是刚刚出门或是就要回家，蜻蜓点水、水到渠成、翻江倒海、荡气回肠……所以说，搭话真正的乐趣还在于合适的场所和及时的交流，而不是仅仅讨到电话号码，否则的话，地缘搭话学就是化缘搭话学了。而且你的话题一定要精准，看什么场合用什么话题，只要自己能够成功将搭话进行到底，那么日后将会越来越顺手。

8. 搭上话容易再次见面难

成熟的搭话高手很清楚，有时候美女给出电话号码仅仅是因为不好意思拒绝。

首先，世界上就是有一些不轻易说“不”的人，且以东方女孩居多数。

其次，有的美女只是把你的搭话作为她生活中一次精神上的“艳遇”，留电话的行为只是结尾时的一个“标准动作”而已，并不意味着今后要联系。

再次，有些美女跟搭话者一样，把被接受搭话作为扩大交际的一种方式，广撒网精挑选，电话可以随便告诉你，但接下来没有特别好感是不会再见面的。

所以，怎么让搭话得到的号码都是有效号码呢？一个成功的经验就是，尽量把搭话的过程拖长。建立舒适感也好，展示价值也好，一定要有足够的时间作为前提。想想看，那些帅得让人流鼻血的大明星都要靠反复宣传才能深入人心，何况我等凡夫俗子，凭什么匆匆一面就让美女对咱们念念不忘呢？！

有人发现，凡是超过半个小时的搭话，再约会的成功率都非常高，而超过三个小时的搭话，不去再见一面简直就是对不起人家。可见，关键是要把握好搭话的时机及过程。

搭话跟约会有本质上的不同，搭话是随时可以被中止的，但约会总有个最短时间。美女遭遇陌生人搭话，感觉好就继续聊，感觉不好就抬腿走，这都是顺理成章的。结果，凡是能聊得久的搭话，一定是因为你让她开心了。而约会却是要预支成本的，一旦答应，即使是很糟糕的场面，她也要硬着头皮撑到底。所以，对于没有足够了解的搭话高手，美女会非常非常谨慎。

其实，搭话只是结识对方的起点，如果你真想增进交流，就要通过搭话将不期而遇的心跳变成邂逅。因此，一旦开始的交流是愉快的，我们不妨就跟她多坐几站车，多走几里路。要明白，没有这多出来的半个或一个小时的交流作铺垫，就很难有美好的将来。

至于那些执著于让对方留手机号的搭话者，相信他们很快就能体会到手机里一堆美女的电话号码，但一个也约不出来。而有了第一次的充分交流后，接下来给对方发短信或者打电话时，才有空间施展自己的口才与幽默。

很多人搭话都能轻而易举地成功。只要掌握了搭话的秘诀，无论是结识朋友还是求职应聘，都不是太难的事情。

继续提高自己吧！把搭话看成一种乐趣，不论得失成败，仅仅搭话这个行动就能让你很快乐。明白了这个道理，再搭配合适的话题，成功便不远了。

搭话不要太遵循死板的道理，要学会随机应变。每个人都有自身的弱点，只要抓住搭话对象的弱点发起攻势，那么搭话将会变得相当容易。

如何做到你的搭话让人无法抗拒？

虽说现在是“食草男”（形容像食草动物一样的男子，他们友善温和，但在婚恋关系上总少了些男子汉应有的主动，他们最大的特征就是不会积极主动地去追求女孩子，而是喜欢保持不温不火的步调和女孩子在一起）时代，但在路上看到自己喜欢类型的女孩子不由自主地搭话的男孩子还是有很多的。

不论搭话成功还是失败，都比看着心仪女孩从自己面前溜走好很多，起码事后不会后悔。但是稍微学一些搭话技巧，提高自己的搭话成功率，不是更好吗。

容易被女孩接受的搭话语，排在第一位是“家乡以及毕业学校等方面的共同话题”。

排在第二位的是“自己喜欢时尚”，大概是因为女孩会不由得对和有共同点的人放松警惕。

“镜像法”排在第三位，找出自己和对方的共同点，从而让女孩打开心扉，称为“镜像法”。通过模仿对方表情和神态的“镜像法”，对方会认为“这个人还可以”，就对你放下了戒备。

以“冒昧打扰,很抱歉”开头,很绅士地进行搭话排在第四位。

第五位是“你好，我是 × ×”，坦率地直接进入正题。这两种搭话都是让对方放松警惕的好方法。要从无关紧要的闲聊和寒暄入手，解除女孩对你的警惕心很重要。

语言学家雅各布森曾说，寒暄及“今天天气不错”之类的语言，对于自身基本上没有任何意义，但是却是表明和对方聊天意图的有效语言。“今天要去哪里”之类的语言，则容易引起女孩子的警惕。

不要错过路边街角偶遇的心仪女孩！但是过于急切，一点也不克制自己心情的搭话，则会取得相反的效果。首先你要平静一下，用普通的寒暄让对方放下警惕，才能顺利地与女孩继续交谈，从而搭话成功。

在路上被直接搭话成功的,基本上都是胆子比较大的女生，给人的感觉是她们在“看你接下来有什么能表现的”这样的想法之下，把电话留下来的。所以，不用直接搭话，利用自己的身份间接地搭话更好。

如果你是某公司一般职员，就说你们公司现在正在作一个口头的市场调查，希望对方给些建议；如果你是学生的话，就借作报告的名义先跟对方绕圈子，对方肯停下脚步听你讲，而且肯回答你的问题的话，你八成能成功要到电话。

跟一个自己喜欢的对象交往，步调可快可慢。慢的话，你要追五年、十年都可以。但有个基本定律，就是“137 法则”。也就是说，在开始追求的 1 个月内，3 次单独约会当中，单独相处的时间在 7 小时以内就大势已定了，只要超过这 3 个条件当中的任何一个就得放弃。

对于不怎么回复你消息的搭话者，也不可一味追求。你喜欢人家没错，但是人家对你冷淡，甚至是排斥。你用真心换回的就是对你再次的伤害，除过增加你心里的阴影面积，再也不会有任何意义。

最后再补充一点，不要用你学到的搭话技巧去伤害一个无知的女生，不能将感情当作游戏。不要陷入“得到得愈简单，就愈不容易珍惜”，到最后即使你会所有的搭话技巧，仍然会找不到一个真正爱你的人。

情景演示：如何要到对方的联系方式

1. 情景模式一

聊天后装作要离开（做出要离开的身体语言，如转身、点头道别等），离开她走几步，再很自然地回头来索要联系方式，比如说："哦，对了，你有没有 QQ 或者微信呢？"

一般她会说有，你就拿出笔和随便的一张纸，就把她的回答当作是答应给你联系方式，这样的语气说："好的，写在这里。"万一她的回答是没有，可能是她真的没有 QQ 和微信，也可能是她还没决定给出联系方式，这时建议用幽默扭转一下气氛。比如，可以说："应该有人一种东西可以让我们保持联系了吧？"然后掏出你的电话，说："哦，好像这个设备有这个功能！"又如："你这不是在逼我要你的电话号码吗？"

2. 情景模式二

"你真是好……，真希望我们有更多的时间可以聊天，但我必须赶去做……"这时停下来不说话，她可能会主动给你联系方式。如果没有，就接着说：“这样，我记一下你的电话，我们稍后联系。”这时可能出现以下几种情况。

如果她没给出联系方式，却想请你把你的联系方式留给她。实际上，她会倒过来主动和你联络的可能性是很低的。你可以说：“主要是我想认识你，不是你要认识我，还是我给你打电话吧。”当然，现在人们比较流行加朋友圈，互留微信号，但是如果对方认为还没有到熟悉到那个地步，你最好不要太勉强人家。

如果她说：“没什么不好，但我有男朋友了。”那你赶紧说：“大家做个普通朋友，多个朋友蛮好的，以后有活动一起玩。”你这样的回答听起来没什么力度，但女孩就需要这样的托辞。

如果对方说“不习惯留电话”，我们可以回答：“就只留这一次！”

如果她最终还是不给任何联系方式，你仍然要保持风度，有礼貌地道别离开。你又不损失什么。而且要是下次遇到她，因为你们已经打过一次交道，反而很容易就能搭上话了，说不准成为很好的朋友呢。

Chapter Five

接近女神的实战与技巧

“为什么有些男士，其貌不扬、条件也很一般，却经常能够追到漂亮的女生。细心观察，你会发现那些男士搭话很有技巧，能让妹子瞬间上钩，无论是微信号、QQ号、手机号，通通手到擒来。如果你能学到这些，那么幸运就会很快降临了。”

你心中的女神喜欢什么样的男人

女人喜欢男人可能只是某个瞬间，比如专注而不说话的时候、思考后灭掉烟头的时候、酒桌上豪饮的时候、幽默后耸肩膀的时候、买单的时候、笑的时候等等，总之说不准某个瞬间，你就会吸引你的女神。“帅”是瞬间的，“帅”也会变成永恒的，就看你能不能恰好碰到欣赏你的人。俗话说知己知彼百战百胜，如果能够知道，什么样的男人在女性眼中最有魅力，那么作为男性的你搭话的成功率就会提高不少。

1. 奋斗中的男人最有魅力。不成功的男人无力衬托爱情、养育家庭，终日窝窝囊囊，看别人脸色行事；太成功的男人易惹是生非，走火入魔，容易生出别的痛苦来。所以女人认为，介于太成功和不成功之间，奋斗中的男人最有魅力。

2. 执著、有冒险精神的男人有魅力。探险旅行已成都市时尚。虽然，一次探险旅游收费不低，但参与者不少。在参与探险的大多数男性中，有的人平日或许很节约，却舍得花钱去徒步穿越罗布泊，足见他们的冒险精神。其实无论是做事还是旅游，具备冒险精神的人往往也比别的人易于成功。

3.有魅力的男人是女性用欣赏的目光浇灌出来的。现在有一种奇怪的观点，即认为男人婚前对女友来说是“魅力男人”，结了婚以后在妻子眼里却不是“魅力男人”了。一般说来，男士在办公室里很有魅力，回到家里就没有什么魅力了。当你用放大镜去打量一个男人，西装上的一片头皮屑都让人倒胃口。所以未婚女孩觉得“好麦穗都被采光了”，而持有麦穗的人却从鼻子里嗤一声：“这也叫值得羡慕的麦穗？”这就是所谓的“皮翁”效应：你越觉得他值得欣赏，你也许就越觉得与他在一起是你的幸运；你越抱怨他，他也许就越发光泽黯淡了。

当然，萝卜白菜各有所爱，女人喜欢的男人各有各的样子。

1.女人对成功男人，天生免疫。因为古老的遗传基因里面，女性在找伴侣的时候，总是想找一个强大的，能够给人安全感，给后代安全感的男人。当社会不再用身体强壮来评判男人时，成功男人就成为能够给女人安全感的第一选择。因此要想搭话成功就学学成功男士的有主见、自信、知识面广、能力超群等等。如果你能成为一个真正的成功男士，当然是更好的。

2.萌女喜欢大叔。因为大叔有经济基础、大叔温柔、大叔包容、大叔有丰富的人生经验和智慧等等。因此，如果你还不是大叔，你可以参照身边的大叔学习一些对女孩子的温柔和包容，多看写书储备一些人生的智慧。

3. 男人不坏，女人不爱。坏坏的坏小子，为什么有人爱呢。据分析是因为，坏男人更懂得浪漫。他们用甜言蜜语获取女人的心，最后却欺骗利用。让女人伤透了心。这里，要学习的是如何让自己更浪漫，因为每个女人内心都期待有一个一段灿烂的爱情，所以还是多学一些浪漫的爱情手段，去打动你的她吧。而千万不要学坏男人用情不一、不负责任等行为。

4. 喜欢真诚的男人。很多人，喜欢比较老实真诚的男人。因为真诚的男人，更能满足女人的安全感。他们一是一，二是二，不欺骗人，对自己喜欢的女人更是一心一意。从内心来讲，女人们并不喜欢口若悬河的男人，而喜欢总是能保有某种程度礼节的男人。

5. 有些强势女人喜欢小男人。相对男人喜欢温柔女性，有些女人也喜欢小男人。凡事听她的，这样做让女人很有成就感。有些专家说这是女性母爱的体现。

当然，这些搭话技巧，有可能你一个也用不到。但是有一点要注意，如果你想要搭话追求的女神，别人都对她很热情趋之若鹜的时候，或许你的冷漠、不作为反而能来引起对方注意。有位搭话高手曾经说过，关心和冷漠表面上是矛盾的，其实本质是一币双面。女人喜欢被男人关注，所以你如果对她适当地表现冷漠,就会对她产生致命的吸引力,她会想方设法展示魅力、吸引你的注意，获得你的关注。

总之，如果你能在搭话前就知道对方喜欢什么样的男人，然后你试着学习准备相关知识，相信命运一定会青睐有准备的人。

#你心中女神不喜欢什么样的男人#

知道女人喜欢什么样的男人还不够，你还必须知道她不喜欢什么样的男人。俗话说，栽树难，毁树易，千人栽树一人毁。你辛辛苦苦努力建造起来的形象，有可能因为一句话、一个动作而毁掉。下面看看女人都不喜欢什么样的男人。

有网友统计了 4 个女人不能忍受的男人恶习。

1. 公共场所，对着别人吐烟圈。很多公共场所本身就是禁烟场所。如果还抽烟，二手烟的危害在宣传中比一手烟的危害要大很多。明明错了，还对着别人吹，这种人真的是很讨女人厌的。

2. 公共场所，尤其是公交或者地铁上大声打电话。大声打电话，会吵闹到他人，这是不言而喻的。如果你不顾他人感受不断地和别人通话。那么无论是谁都会很讨厌你的。要是在公交上或者地铁上，因为是相对封闭的空间。噪声会更大。其他人在想问题，或者是看书的话，即使不阻止你，也会在心里给你打个低分。

3. 非用餐场所，当众吃东西。如果是在公共场合大吃零食，尤其是嗑瓜子，真的是让人不能容忍。再加上吧唧嘴什么的就更是不雅的举动。用餐还是尽量找一个相对私密的地方，比较好。

4. 裸露身体。裸露身体是不文明的行为，一般女士看到男士裸露身体会避而走开。男人有时候可以裸露上体，也不会让人觉得不妥。不过也要看周围情况，尽量避免裸露。还有，在图书馆或者其他安静的场所，也不要脱鞋，尤其是脚上有味道的时候。

除过这些，女人还对以下几种男人，不大感冒，甚至是排斥、讨厌。

1. 自我为中心的男人让女人受不了。女人经常受不了自以为了不起的男人。这种男人开口闭口谈的只有自己，他们可以花好几个小时谈自己一天的生活，自己的成就，自己的理想，却对别人的事情不闻不问。这种人心理上是需要别人仰视的，认为自己就是一切，自己才是最重要的。像这种自视甚高的人，基本上很难打交道，女人当然会受不了的。

2. 女人讨厌夸夸其谈的男人。如果一个男人口若悬河，却又说不到点子上，就会让人觉得很幼稚。或许初次见面，会被其高谈阔论吸引，可是说得太悬又不敢让人相信，就很难有第二次机会。我们说女人最需要的就是安全感，所以如果话说得太美、太全，不仅仅不敢让人相信，还会让女人觉得你这个人很不靠谱。

3. 女人不能接受不直率的男人。一般我们说，女人做事情比较婆婆妈妈，但是很少有女人会喜欢一个男人做事啰嗦、拖泥带水的，因为她们会觉得本身我已经很难抉择，做事拖拉了，你就不能干脆利索点。做男人就要敢于担当，做事干净利落。

4. 女人的虚荣心会让她们排斥一些身体有缺陷的男人。这一点对女人来说没有那么绝对。因为比如，如果你身体有短板，比如说很矮，但是你的思想和学识，如果能够提高，那也是可以赢得女人心的。

以上所说的，若是能注意避免，相信你的女神即使不垂青于你，也不会讨厌你。千万不要心存侥幸觉得你喜欢的女神和别的女生不一样。

搭话成功后的及时跟进——邀约

邀约是漫长的搭话之旅的下一个步骤，是搭话活动的深化，也是对搭话成果的进一步巩固和锁定。

大家可能都有过邀约的经历。邀约，最基本的就是：几点几分？什么地方，我们一起做什么？邀约后就要面对可能被拒绝的状况。所以怎么有效地避免邀约被拒绝，这才是我们面对的主要问题。邀约前要仔细思考，融会贯通。看看下面的邀约被拒的例子。

男：“我想带你去个地方。”

女：“什么地方。”

男：“走吧！”

女：“要不算了吧，我还有点事儿，改天吧！”

男：“不会耽误你很长时间，最多 40 分钟。”

女：“40 分钟？”

男：“不算堵车时间40分钟。”

女：“去哪呀？”

男：“放心，不是劳改农场。”

女：“不去。”

男：“再说两句我就放你走，我见你第一眼就喜欢你！”

女：“这事咱俩有分歧，而且分歧很大。”

男：“分歧？是不是相见恨晚啊？你的缺点我通通可以看成优点。”

读了上面一段对话，是不是突然间明白了，即使被拒绝，也要说得“相见恨晚”，这样你下次才能有机会，或者出现峰回路转的场面。

上述对话虽然经典，但估计大家都没用过。不过，用过相似的方法的人可能还真不少。比如你想带女的去唱歌，如果直接说KTV，她们可能会有戒心，但是你直接把她带过去，会怎么样呢？难道她还会走掉？！所以说，关键在于领会其精神，而不是照搬模仿。

下面我们就通过讲述邀约成功的必备步骤，来帮助初级搭话者触类旁通地掌握简单的邀约规律和技巧。

1. 有计划的邀约

首先要知道，你要邀约的人有没有时间、喜欢什么，有计划的邀约更容易获得成功。

如果你邀约的人有两个以上。如果你想和其中一个发展男女朋友，应该尽量避免她们相见相撞。

2. 准备邀约用语

我们对于邀约并不陌生，那么什么样的话语能使邀约更加容易成功呢？

可能你邀约的人是你并不陌生的人，但是她对你的邀请不一定感兴趣，那么邀约的时候应该采取经典措施："今天我这边有个活动，我觉得挺有意思，你来吧，上次认识你以后，好久没见了，过来聊聊。"

如果你所要邀请的人很固执，很有主见，你不妨这样说："这边有个你一定会感兴趣的 party，相信对你有帮助，而且涉及的行业很多，也涉及了你的工作，你可以过会来一下吗？或者我先寄一份请帖给你。"

对于见过一次面的人来说，想要再邀约她（他），其实心里都是犯嘀咕的，不知道上一次是否给对方心里留下了好印象？又不知道该不该继续约会？

这样矛盾的状况我们怎么解决呢？其实邀约更加要采取"厚脸皮"政策，如果不能拉下面子，那么你的邀约基本上失败 80% 了。所以，对于不确定的事情，要采取积极的态度。不试一下怎么知道是否成功呢?

对于之前的偶遇和搭话，我们可以这样说：“见面便是缘分，所以，我想把咱们的缘分进行下去，请问你最近有时间吗?一起出来喝个咖啡，我去接你。”

这样就避免了她直接拒绝。如果她对你的印象不好，她就不会再告诉你时间见面，你也省去了尴尬，这样的邀约成功率也高，毕竟说话的方式可以使自己的人气提升。

有些朋友可能会遇到这样的情况，那个心仪的女孩子并不买自己的账。那么，怎么去邀约这样的女孩子呢?

首先，我们应该放下心来，要知道对任何女孩来说，有人搭话和邀约都是自己魅力的肯定。我们应该知道她所关注的是什么，我们可以这样说：“美女，你很有品味哦！我有些朋友也爱好 ××，有空大家一起出来坐坐，聊聊天呀。等你有空的时候可以打这个电话给我。”

其次，在邀约时，采取何种方式是首先要考虑的。一般来说，邀约都需要定下时间，也可以像我上面说的那样，将时间问题交给被邀约者，她定时间便可以省去自己当场被拒绝的尴尬。

电话邀约比会面邀约要方便，随时随地便可以进行。那么，电话邀约最好采取什么样的邀约方式呢?声音、语气当然很重要，讲话时切记不能太快，不然人家没听懂你讲的是什么，你的邀约就失败了。说了语速的问题之后，我们就应该注意一下语言艺术了。一般来说，客气的语态是邀约的基础。说话要注意顺序，千万不能不组织语言就直接邀约，否则失败率是很高的。

委婉诚意的邀约是成功率最高的邀约，谁都喜欢有诚意的邀约。可能自己并不喜欢内容，但是面对这样的诚意之邀，大多会“赏脸”而接受。

与喜欢的人第一次约会的技巧

面对第一次约会，大多数人因为没有经验会将其搞砸。也就是说，导致首次约会失败率很高的关键就是经验不足。这就需要借鉴他人的经验，并掌握一定的约会技巧。当然，面对这世界上千奇百怪的人，偶尔约会失败是正常的。

有人说，男人将第一次约会看作是未来相处的序幕，以为这是多次追求后的成果。女人则是通过一次约会收集信息，预测以后与他相处的各种情况。也就是说，在约会中女人更加镇静，能发现很多问题，至于是不是要相处下去，还是需要一些考量的。

下面我们分情况学习一些，约会的技巧。

1. 先看看你们选择的不同场合，要分别注意什么

（1）公园。游公园是青年伴侣谈恋爱最常见的方式之一。但不应呆呆地坐在公园的椅子上，而应游逛或坐在秋千上，让

身体活动起来，以消除双方的紧张感。

（2）散步。走马路洒月光也是一个好办法，但重要的是你要让她走靠人行道的那边，并尽可能地与她步调一致。两人最初的间距以20厘米为宜。

（3）跳舞。初次约会就去跳舞是有一些弊端的，但如果对方热衷此道，你也得顺其心意，在热烈的跳动中会能可消除彼此的隔阂。

（4）运动。可以在喊叫中增加热情，但你不能技不如她。

（5）电影。剧情需适合初识男女，悲伤的剧情会让她认为是不良的预兆。当然，也别看纯逗笑的闹剧，否则她会认为你品位不高。

（6）餐厅。要注意找一个有角落的位置，这样可以避开众人的目光，减少双方初识的紧张心理。而且，你要请她坐在背向门口的位置，如此她的视线便会以你为中心，同时你自己可以看到整个餐厅的情形，能够在平静的气氛中引导谈话内容。但如果不是特别有趣或必要，切忌在餐厅的人群中找话题。

（7）博物馆。如果和你约会的美女文雅沉静，你可以考虑和她一起去逛逛博物馆，可能会意外地找到良好气氛。但你不可对博物馆里陈列的内容一无所知，由对方来说给你听，那对你就很不利了。

（8）比赛或表演。让美女看体育比赛或杂技表演，带她并不十分熟悉的世界，同时你可以边看边发表自己的高见，这样可以加深她对你的印象。

（9）游乐场。这容易使人处于兴奋状态，可以制造一种坦率而开放的气氛，身体也会自然地靠近，但你不可以有趁机“吃豆腐”的念头，否则女方一旦有戒心，你便自己把好事弄砸了。

（10）餐厅的选择。美女会喜欢格调高雅而整洁的小餐厅，有异国情调的西餐厅，或者高楼大厦的顶楼餐厅，可以一边进餐一边饱览都市夜色。

2. 约会以后，一般会一起进餐，现在来看看进餐时需要注意的事项

（1）要主动请她吃饭，因为一般美女都不愿说肚子饿了。

（2）先问她想吃什么，如果她不表明意见，你就自己决定菜单。别推来推去，那样你以为这是在礼让对方，其实是会令对方尴尬。点菜时要注意别要黏牙的食品，因为那会破坏气氛。

（3）进食时尽量不发出声音，宜一面谈心一面进食。

（4）你尽可以放开胃口吃，美女通常都喜欢男孩食欲旺盛。

3. 如果你们参加的是个饭局，那么就要注意一下关于饮酒的注意事项

（1）初次约会时万不可强迫女方喝酒，这样会令其不快，

而且她可能以你强迫她饮酒为借口拒绝再与你约会。

（2）别装海量，不管你会不会。

（3）如果她喝酒了，脸色特红，你要赞美她。

4. 第一次约会最好按时到，当然万一迟到了该怎么补救呢

飞奔赶去约会地点，喘着气向对方诚意道歉，然后找个借口，如：“在中山路塞车了，急得我跳下车跑步过来，跑得我气喘吁吁。”或“我想找一份你喜欢的礼物送给你，以至于赶不上时间……”总之，要编得合情合理，不能让她觉察是你的一时疏忽大意造成迟到，根本与什么车呀，礼物呀无关。这种谎言有助于消解对方的不满，动机是好的，不能算是不怀好意的欺骗。不过，迟到这种事可一不可再，谎话说多了，终究会露馅。

5. 有时候，约会完的道别，也是能够给你的约会加分的

最好在适当的车站跟她说再见，陪她等车直到车来后，待她上车及车开出后你再离去。这样女方便不会觉得你缠得太紧。如果她愿意让你送她回家，那表示她对你已有点动心了。这时必须把握好分寸，就是说，第一次约会应该在美女还想和你相处时结束。这是使她期待下一次约会的绝招。

同时，你应运用如下的邀约技巧。比如在等车时，你问她：“今天是夏至，你知道夏至的意思是什么吗？”她说不知道，

这时车就来了，你说：“那好，下次约会时我告诉你。”再重复一次下次的时间和地点，然后送她上车。又或者，她在分手时对你说：“和你相处，我这个晚上过得很愉快。”你必须立即接上话头，说：“那实在太好了，下次我会让你更快乐。”然后再适当地重复下次约会的时间和地点。

关于约会期间要说的注意事项就是不要限制对方。例如对方想吃果冻，而自己一味地阻止；对方想去爬某座山，而自己因怕累或出于其他原因而拒绝。这都是约会所禁忌的事情。如果你有特别禁忌的事情，约会之前最好告诉对方，两个人达成一致的时候再出发。总之，为了谋求双方感情的长久发展，初期的约会一定要进行得顺利才行。

一开口，就让对方乐意的讲话技巧

我们都希望张嘴说的第一句话让人觉得妙不可言，睿智又有内涵。我们也希望听的人会立刻赞赏我们的机智。但是，即便你非常有见解,如果不顾及他人的感受就算你说得天花乱坠，也会适得其反。

开口之前，先注意一下对方的表情和语气，以便了解其情绪状态是很愉快、很郁闷，还是很烦躁。如果你能注意到对方当时的情绪,并且配合他的情绪和语调,你们的聊天就会合拍了。

另外，还有一些能让对方开口说话的简单技巧，列举如下：

1. 用平常的内容来促进友谊

你担心自己的话不够酷而失去吸引力吗？别怕，80% 的人对你的第一印象都和你说话的内容关系不大，而和你的态度关系更大。

也许你很羡慕说话机智的同学，可是你要知道，人不会总喜欢脑筋紧绷，一疏忽就会在别人哄堂大笑时，自己却像傻子一样无所适从。这时候，你大概就会知道真诚而平常的话是多么可爱可亲了吧。

无论你说的内容多么平常，只要你以积极的心态，热情地把话说出来，就可以引人入胜。其中的窍门就是：要让对方感到轻松，而且听起来真诚。不过要注意，就算是真诚和平常的话，也不要抱怨和说粗话。

如果你一开口就抱怨，人家就会把你贴上爱抱怨的标签。就算你是全天下最乐观的人，那又怎样？别人根本不知道。如果一开口就粗话连篇，却很可能使他人感到讨厌。

要想说些知心话，最好让你们的对话在和风细雨中进行。

2. 偷听目标对象与他人的对话

如果你下定决心要和某人搭话，而你没有发现她（他）身上任何可以成为话题的特征，而且也找不到愿意为你介绍的人，更糟糕的是，她（他）似乎和一群朋友谈得很投入，看来她（他）根本没把你放在眼里。

别担心，任何障碍都阻挡不了下定决心的你，这时可以使出“偷听”这招。当然，偷听总给人“偷偷摸摸”的坏印象，但你的偷听显然不是为了阴暗的目的，你只是想和他交朋友。这时，走近你想接触的那群人，等待一些关键字眼，听到稍微值得利用的借口就赶快加入谈话。

“对不起，我恰好听到你说……”然后接上一些与当时有关的话题。比方说，“我刚好听到你们在说建公众号，我也想建一个，能不能给我一些建议？”

他们会不会吓一跳？会，但只有一下子吧。

他们会不会很快就恢复过来？当然。也是一下子吧。

他们会不会让你加入他们的谈话？当然没问题。

这样不就打进这个圈子了吗？现在，你可以把话题转到你所希望的方向了。

3. 仔细体味话里的话

沟通高手都知道，每个念头一定自有来历。

你对一位同事说：“× × 同事真是个怪人，每次我和他说话，他都爱答不理的。”这位同事这样说道：“很多同事都这么看他。”

注意！这位同事的言下之意很可能是他有不同的看法。你如果忽略这个不寻常的细节，继续按你的思路说下去，你很可能错过一个了解 × × 的机会，尤其是让你面前的这位同事觉得你没什么见解，因而让接下来的谈话显得敷衍。

仔细注意对方提及的不寻常字眼，如一切偏离主题的地点、时间、人名等。朝这个方向进行发问就对了，因为这些才是对方喜欢谈的。

4. 不妨来个鹦鹉学舌

现在你想休息一下，不想说很多话。但你又不想打消朋友的热情，这时该怎么办？你可以像鹦鹉学舌一样，重复别人说过的话，就足够让人着迷了。比如：

“我看了陈坤演的《寻龙诀》。”

“《寻龙诀》？”

“对呀，是天下霸唱的小说改编的，编剧也是天下霸唱。里面的胡一八是陈坤演的。”

“胡一八是陈坤演的？”

“嗯！还有黄渤和舒淇……”

在交谈过程中，似乎有颗球在不停地来回弹跳。先是你说，接着对方说，然后你再说……就这么交替进行着。轮到你说话时，也许你头脑里会一片空白。

别急，你不必绞尽脑汁对付对方打来的“球”，而只要重复她（他）说的最后三四个字，像鹦鹉学舌一样就足够了。不过，你一定得说得有感情，像在问问题，让对方觉得你很好奇，希望听他继续讲下去。

5. 不轻易讲自己的小瑕疵

很多人认为，如果和一个刚认识的人聊天，为了让对方觉得自己亲切可人，应该跟他分享一些小秘密——谈谈自己的隐私事，或坦白过去的缺陷，比如小时候尿床、磨牙、吮大拇指，或现在的一些健康小问题，以便拉近双方间的距离。其实，这要视情况而定，有时候的确可以。

研究显示，如果某人的身份地位较高，他透露小小的弱点，可以让人觉得他较有亲和力。比如说，超级歌星想跟歌迷交朋友，可以透露自己当年抱着吉他挤火车的事。如果你在单位表现很好，可以透露自己在以前犯的一些低级错误。

但假如你不是上述类型的人，最好采取保守策略，慢一点再把自己的缺陷展示出来。等你和新朋友的关系更深入以后再搬出你的“丑事”，好好地自嘲一番。那时，你的自嘲就可以成为温暖的亲近感了。

说教、刻板、傲慢是聊天三大恶症。如果谁患了这三个症状，哪怕只是其中一个，都有可能成为聊天终结者，从此难以和别人的心联结。

6. 别心急，心急吃不了热豆腐

有一个女孩对自己的老师说：“我不知道为什么和你就能说心里话，和妈妈就说不了。”其实问题的答案，在此之前她已经告诉老师了，她的妈妈听她说不想去上学，心急火燎地问她：“你说你到底为什么不想去上学啊？你说啊！”面对妈妈这么急促地提问，女孩感到手足无措。她说：“本来想说什么来着，可是又突然觉得不知从何说起，到最后，脑袋里一片空白。”

其实每个人心底一些柔软而细密的感受，是需要一个氛围才能说出来的。越急越说不出口，这大概是“心急吃不了热豆腐”的另一种注脚吧。

有的家长常常抱怨孩子不和自己说心里话，一般人们会说，这是缺乏沟通造成的。但是怎样才能沟通？沟通以什么形式为最好？两个人正襟危坐，面容严肃地说："让我们说说心里话吧。"这样能沟通吗？

说教的语气和体态会给人与人的沟通制造障碍。当然，最根本的障碍还是说教的思想。有说教思想的人，常常会强行叫别人实现他的愿望或想法，甚至于连沟通方式也不讲，思路粗率，言语乏味。

聊天是沟通心灵的最好的形式之一。因为聊天没有强烈的目的性，能够营造轻松、闲适、愉悦的氛围。在这种氛围中，心灵是开放的，就像花朵在和煦的春风中开放，而在暴风骤雨中却只能萎谢凋零一样。

7. 不做刻板的书呆子

两耳不闻窗外事，一心只做好本职工作，这样的工作精神诚然可贵。不过，如果因此而缺乏生活的趣味，也是一种损失。想一想，有多少同事愿意在业余时间总谈论工作？如果你给同事们一个呆板的印象，那很可能不会有多少同事喜欢和你聊天了。

最好不要做一个只关心工作的人，要对大家关心的事有所了解，尽管有些你并不真的关心。比如听听时事新闻，打听"奔跑吧兄弟"的进展，到网上论坛里看看热帖，等等，都可以找到大家关心的事。毕竟你是生活在一个集体里，毕竟我们的生活不能总是工作。聊天也许无益于业绩，却可以成为放松情绪的体操。

现在，人们普遍看重工作业绩，对与工作无关的事，尤其是对可能会对工作产生干扰的事，都尽力杜绝。很多职场人士都是这样的态度。虽然没有人愿意成为工作机器，却无力抗拒，只有感到无奈。唯工作论，是一种机械化的思想。这种思想过分重视人的工作能力，却忽视人的内心生活和情感表达。

人生若要出彩，光是有学识还不够，还要多关心世事，懂得些生活常识，重视自己的郁闷和眼泪。作家沈从文说："我读一本小书同时又读一本大书。"他说的大书，也是指世事、常识和人情。而这些，怎样去体验和获知呢？与人聊天不是唯一的方式，但肯定是比较重要的方式之一。

聊天，作为一种日常的交谈形式，能够卸下套在身上的盔甲，让人生活在一种自在的状态当中。这大概是"聊天"给人带来的乐趣和意义吧。

8. 不做傲慢的井底之蛙

在和别人聊天时，假想你们之间有个巨型的旋转式聚光灯。你讲话的时候，聚光灯就照着你，朋友一开口，灯光就照着他。一般来说，聚光灯照你的时间越短，对方就会越觉得你有趣。这是为什么呢？

“每次我认识别人，问问他们的生活，总是能有所得，所以我总把聚光灯转到别人身上。”真正有自信的人，都是这种作风。有时候，“听”比“说”更有风度。虚心聆听别人，表达了自己的敬人之意，才能俘获说话人的心。

傲慢的人总是以自我为中心，和这样的人聊天，你只会被他滔滔不绝的言辞遮蔽。这时，聊天已成为他一个人的表演，和聊天的真正意义相去甚远。

真正的聊天，应该为每个聊天参与者提供足够的空间，让每个人都受到尊重。傲慢的聊天者就像呱呱自鸣的井底之蛙，他们的表演只会让聊天以光速终结，无奈的人们只好丢下他，自己一溜烟逃跑。

我们都希望张口说的第一句话就让人觉得字字玑珠，睿智又有内涵。我们也希望听的人会马上赏识我们说话的机智。然而，聊天的重点不在于详述事实或措辞，而在于它能让对方感到舒服。

聊天的目的是让人放松，我们嘴里发出的声音要给人轻松的感觉，像小猫的“喵呜”、孩子的“哼哦”，或者是圣歌一般。所以谈天说地的首要之务，就是配合对方的情绪。

有些话题是女人拒绝不了的，只要抓住那些绝妙的话题搭话便会轻而易举地成功。我们可以将搭话的开场白定位为“相亲式”，第一次见面，就好比相亲，成不成就看这一遭了，小心谨慎地把你的开场白说到位，对方一定乐意开口。

备胎如何在暗恋对象失恋后去安慰她

感情的事情属于隐秘的事情，一般女人不会随便告诉一个人她的感情问题。恰好你是个备胎的话，她要是告诉你他们之间亮起了红灯。对你来说，也有可能是机会来了。

但是，你不能着急表示自己想追她，你得表现出，你对她关心和安慰。

当女人感到紧张和有压力的时候,她们就会启动语言功能。她通过诉说自己的感受，唤起别人的同情和共鸣，这样她就会感到宽慰和舒适，心情就可以慢慢归于平静。如果她把自己的不安和感情出现的问题都告诉你,最少对她来说当你是自己人，尤其是失恋的女人。你的倾听会让她有一种闺密的感觉，如果你能够把握时机帮她走出感情的漩涡,在以后的日子里感动她，你就有可能获得美人心。

当然,情侣和夫妻关系差不多,有些时候,很难说是谁有理。所以她说的时候你尽可能多的陪她，进行配合性的对话，帮她放松情绪。千万不可去究谁对谁错，前段时间，有一对夫妻吵架，结果有人劝架，夫妻又合起伙来一致对外了。

当然，如果你想说点什么，最好看一些经典的安慰话语。例如：

1. 如果一个男人开始怠慢你，请你离开他。不懂得疼惜你的男人不要为之不舍，更不必继续付出你的柔情和爱情。

2. 不要为了那个没必要的人伤心，你的人生还在继续。所以不要过早地将自己的生活判死刑，要勇敢地面对新的生活。

3. 睁大双眼选择你的未来伴侣，如果选错了，立即分开。不要凑合着过，那样会害了两个人。你的生活完全是由你自己做主的。

4. 任何时候，都不要为一个负心的男人伤心；女子更要懂得，伤心，最终伤的是自己的心。如果那个男人是无情的，你更是伤不到他的心，所以，收起悲伤，好好生活。

5. 当一个男人对你说："分手吧！"请不要哭泣和流泪，应该笑着说："等你说这话很久了"，然后转身走掉。女人有风度一点才会得到男人的欣赏。

6. 已经错失的好男人不要去后悔，他们不属于你，睁大眼睛再找一个吧。

……

如果你不知道如何安慰，就让她把烦恼都倒给你，哪怕问题无关紧要，也能给她带来释放和轻松。随着话题的不断转化，她的失望、烦恼、沮丧等情绪就不断宣泄而出。而此时你的心，最好是安静的，像一个容器似的接受她给你倾诉的一切。虽然说出来也未必能让苦恼的事情消失，但至少可以让她的心里痛快一些。你们之间就已经建立起了亲密关系。

不停地谈话是女人面对压力做出的自然而健康的反应。你不能由她的一次谈话，就确定人家已经分手，你有机会了，过早暴露自己的企图会很容易失败。你不必为每个问题提供答案，只需要耐心地洗耳恭听。

甚至有时候，你也不必她一找你，你就出现。有位爱情高手说过，想要备胎上位就得变“坏”。就是变得不怎么听话，不要总是随叫随到。因为，如果她知道你一定很听话，她需要你的时候，你一定会出来。那么对你的态度，也可以很随意了。所以你得改变一下思路，只在她十分伤心时安慰一下，其他时候你忙就忙自己的去，让自己不受她控制。在她想说她和其他男人的事情，你可以不听，带她做点别的有趣的事情，甚至说有事情要走了。不要怕她生气，生气说明她在乎你，也不要担心她会远离你，无论何时请记得，女人都喜欢有主见的男人。如果你能做到说明你离备胎上位不远了。

男搭女也有不少细节性的问题需要注意

（1）对于第一次见面，很多人都以尴尬收场。但是，想给对方留下好印象就不能太急着将自己与对方的关系拉近。要知道，越是拉近，两个人就会越尴尬。如果连自己都觉得尴尬，那么就要尽快找到排解尴尬的办法。

（2）对于身边有家人的女孩，怎么搭话最安全呢？我们可以先换位思考一下，如果自己的身边有父母在，一个女孩过来搭话，如果她视你父母为空气，那么你会接受她的搭话吗？

生活中那些没有礼貌的人会被认为没有内涵，这样的人不容易被接纳，而那些过于注重礼节的人，会让人感到尴尬，所以搭话的时候礼节分寸的把握也是很重要的！

（3）有些人喜欢在搭话的时候夸大自己，特别是有长辈在场的时候，他们觉得这样更容易被肯定，所以放任自己无限夸大下去。而真正的情形是，那些被夸大的部分很快就会被打回原形，并被贴上一个虚伪的标签。

总之，对于搭话者来说，站在对方的角度考虑问题，试着去理解对方，就越容易获得成功。

Chapter Six

让男神主动邀约的实战与技巧

“ 矜持对女人来说是一种美，如何让你喜欢的人主动接近你，是一个女人的最大智慧。想让喜欢的男神主动邀约你，更需要费一番工夫。 ”

你心中的男神喜欢什么样的女人

想获得男神青睐，甚至追到男神，你就先得知道男神喜欢什么样的女人。

有位学者总结了三类让男人喜欢的女人。

第一，男人喜欢漂亮女人。这当然是因为美是每个人都喜爱的。当然也有学者说“男人是视觉型动物”，并指明在男女情感的一开始，也就是男女初次相遇时，男人的注意力便集中在女人的外表上，也就是说，女人的外在形象，包括穿着、化妆、身材、行为举止以及修饰等，比她的内在修养，如性格、智慧、幽默等更能影响她在男人眼中的印象。

还有人用数据表明当碰到一个人时，90%的人都会在几分钟之内形成自己的判断，而在最初的 10 秒中，对于其外表的判断就已经形成。科学研究表明，人们会本能地将诚实、聪明、友善等优良品质与漂亮的外表联系起来。这种判断是下意识的，我们往往察觉不了。

那么我们从小到大受到的都是关于女孩子一定要心灵美的教育，真的管用吗？

所谓“外在美只能炫耀一时，内在美方可经久不衰”“人不是因为美丽而可爱，而是因为可爱而美丽”“女孩子漂不漂亮并不重要，学识、内涵、气质才是一种永恒的美”等，充斥在报纸杂志上的鸡汤都没用了吗？如果你是一个女孩，到了要谈婚论嫁的年纪，你可以用你的手中的文凭和姣好的面貌做个比较，就会知道，即使你手中有博士文凭，但是你不漂亮，OK，极少有人问津。但是如果你有一个姣好的面容，即使你高中毕业，喜欢你，想要和你谈婚论嫁的男士，却不再少数。

现实中就是，很多男士别人介绍女友时，总是第一句就问：“她漂不漂亮？”有人说过，男人不管什么年龄，都很专一，因为他们就只喜欢 20 多岁的女孩。换句话也可以说男人不管自己条件高下，学历高低，身材胖瘦，年龄大小，喜欢的标准都是漂亮的女孩。

就连高学历的才子，也一样不能免俗。有一个归国博士征婚，明确表示他的寻觅对象是“美女”，谢绝高智商的才女。因为在他从小到大的生活圈子里，接触的都是相貌平平的高学历女子。如果他对她们感兴趣，又何必来征婚呢？有一个医学博士班里，男博士们大多娶了高护班的漂亮女生，而女博士除了几个容貌尚可的，不少都成了老大难问题。

一个男博士坦言：我们辛辛苦苦奋斗这么多年，如果最后却只能娶到一个面貌平庸的老婆，还有什么意思？看看就连同一条船上的才子们都不能欣赏自己的内在，不漂亮的才女们情何以堪？

这是个看脸的时代，嫁不嫁得掉，其实和学历没什么关系，关键是漂亮不漂亮。要是对一个满世界找老婆的男人说心灵美更重要，他一定会像看外星人一样看你，觉得是不是你的脑子出了毛病。只有吃过美女苦头的人，也许才会稍有觉悟。

第二，男人都喜欢性感女人。在漂亮女人中，漂亮又性感的女人最让男人招架不住：

首先，女人的性感能激发男人的原始野性。性感和性就一字之差，在英文中，性感 sexy，也就比性 sex 多了一个字母。因而性感总是与性紧密相关，可以说女人的性感就是女人的性别之魅，就像溢出来的香汁、炒出来的香气、透溢出来的色泽等等。女人的性感最大的效应，就是产生对异性的足够吸引，能够激发异性的原始激情和本能的野性。男人性骚扰的对象，常常是性感的女人；成熟男人的梦中情人，也往往是性感的女人；处在青春期的小青年，喜欢的对象，也常是性感女人；就是那些性犯罪侵害的对象，也常常是性感的女人。性感女人控制男人，往往很容易，特别是对那些对她有企图的男人。因为性感就像权力一样，同样是可以寻租的。

其次，女人的性感容易激发男人的心理危机感。男人一旦和性感女人有了亲密接触，就很容易产生迷恋，渴望独占、永远拥有。因而，男人对性感女人说爱，是最容易的。尽管男人可能只是迷恋女人的身体，但男人会把这种喜欢用爱来表达。这种喜欢从短时间来看，很容易和爱混淆的。但不要忘了，性感女人的性感，并不是针对一个人一双眼的，而是带有公共性质的。因而，性感女人就是和男友走在一起，对另外的男人一回眸，就可能吸引到另一个追求者。于是，找到性感女人作女友或是老婆，常常就要吃醋，常常要担心女人会对其他男人产生好感。这样，男人就在无形之中产生一种心理危机感，这种危机感让男人保持心理警觉。因而，爱上性感女人，常常因为这种逆性刺激而保持新鲜刺激感。所以，往往这种女人就是让男人戴了绿帽，与男人离了婚，也会让男人恋恋不忘的。有时，人们说这是男人的“贱”，事实上，这是女人性感所带来的一种心理沉迷反应，就像人们在饥饿时，对曾经吃过的美食的迷恋一样。

再次，性感很容易成为女人可供利用的优势。性感女人在与男人的交往中，从男人的反应中，很容易认识到自我的性感优势，以及这种优势能够给自己带来的好处。所以，性感女人就会在利用自我的优势上，从自发到自觉，以此实现人生的不断升级上档。

“以貌取人”是所有男人的天性。但即使在人们思想观念较为开放的美国，女人们平时也不会穿那种过于性感的服装。只有在每年 10 月份的万圣节前后，大部分女人才会行动起来，把自己打扮成各种迷人的形象，比如穿着制服的护士、连环画中的美女超人、热情的酒店女招待、长相甜美的空姐等。男人们也常常回忆良久。这就是有趣的“万圣节现象”。

万圣节现象给女人的启示是：如果女人也希望在日常生活中吸引男人的注意，就最好像过万圣节那样不遗余力地去选择那些能够让自己变得更加性感的服装。千万不要误以为男人不喜欢这样的打扮，男人们喜欢穿着性感的女人。其实，大多数女人都知道如何能够吸引男人的眼球，但是她们并不想穿得太出格，担心这样做会引起别人的嘲笑，也会被男人误解。

几百年以来，女人们着装最为重要的目的，已经不再像很久以前一样为了御寒、遮羞，而是通过突出自己的女性特征来吸引男人们的眼球。在 20 世纪 60 年代，在世界各地先后发起女权运动之前，女人穿戴的目的一直是这样。而女权主义者告诉女人，通过穿戴吸引男人并不重要，内在美比外表更加重要。但是，当女人们发现这么做会使自己失去更多的时候，她们决定回到从前的做法——继续为吸引男人而打扮自己，把自己打扮成男人最喜欢看到的性感形象,以此赢取幸福的爱情和婚姻。

所有男人都喜欢女人的衣着所透露出的“性感信息”，这一点毋庸置疑。当男人把目光投向众多女人齐集的地方，比如商业街、商场时，那些穿着性感的女人最能吸引他们的注意力。男人如果能够发现女人的装扮独特、性感的话，那么就会喜欢上她。

第三，男人都爱傻女人。“男人都喜欢傻女人……”这是有些“聪明”女孩总结出的一条定律。于是，感情上的不如意便有了合理解释。

那些有着良好教育背景、收入高、事业进展顺利的女人，感叹“高处不胜寒”，责怪男人们不愿面对“男不如女”的现实，不愿给自己太大压力，所以选择了敬而远之，或者浅尝辄止。

女人可以分成3种：一种是真傻，智商、情商都很低，男人不喜欢；第二种是聪明女孩，智商，情商都很高；第三种是聪明，却经常装傻。男人大多喜欢第三种。男人都有自尊，装傻的女孩能处处照顾到这个特点，男人满足了自尊，回过头来就会很疼爱这个女孩；男人都容易犯些小错，装傻的女孩会以宽容的姿态把大事化小、小事化无,犯错的男人会对她充满感激。

同事小杨就是这样的一个傻女人，她的丈夫小蔡总是喜欢和人神聊同学聚会，他总是主角，朋友夸他见多识广，做医生的小杨时常在一边用赞许的目光望着他。可有时，聚会过后，小蔡会收到，一些温馨提示的短信，那些就像是对症而开的“处方”一样，指明小蔡，有些话的出入不对，有些说的不得体等。自然，小蔡对小杨当时装傻事后提醒，很领情。

男人最怕女孩工于心计、过分尖锐。再成熟的男人，在恋人面前也首先是个小孩，既希望自己爱着的女人给他母爱似的宽容和理解，又希望她有一份童心，能跟自己傻傻地、真实地相处——与这种“傻”女孩在一起，男人觉得既安全又温馨。

小刘喜欢下班后和同事打牌，每周总会有几天因此回家很晚。女友小何和他交往一段时间后，知道他下班不是加班而是打牌。小何不仅仅没有生气，还让他把同事们带到他家里来打牌，因为恰好他们家离公司不是很远。小刘以前的女友是因为小刘打牌不陪她分手的。小何这样做，让小刘很感动。到了家以后，小何下厨给小刘一帮同事做了好吃的，让人夸不绝口。于是，下次有人再提议下班后在公司打牌，其他人都不干了，都嚷着去小刘家。小何不仅仅赢得了小刘同事们的夸赞，更是让小刘一下班就会想着赶快回家。

千万不要误会男人！男人喜欢的傻女孩的“傻”，绝对不是指智商。那样的女孩，时间一长，对男人会没有吸引力的。男人喜欢的“傻”女孩，是那种看上去傻傻的、心里却很有谱的女孩。男人总有自尊心或者说虚荣心，所以那些故作聪明、十分外露的女孩是抓不住男人心的；而大智若愚的女孩却能迷住男人。

其实，傻女孩容易感到幸福，也离幸福最近，更易收获幸福。因为傻女孩都有颗极其简单的心。

你心中的男神不喜欢什么样的女人

网友统计出男人不喜欢女人的几种习惯：

1. 化妆太浓的女人。脸上看着像涂了一层白粉、口红太红、眉线不自然、化一次妆变一个人、卸了妆后简直就认不出来。这样的女人，虽然出于爱美，但是脸上少去了自然的色彩和光泽，看着像一件艺术品反而让人害怕，不敢接近。

2. 说话很大声且经常抢别人话的女人。女人大大咧咧在现代社会，不是什么缺点，没有人会因为这个不喜欢你，但是如果大大咧咧老抢别人话，让别人不舒服，就是一个不好的习惯了。

3. 从来不为他人着想的女人。一个女人自私点，不是什么大问题。但是如果自私得一毛不拔，甚至是做些令人心里发冷的事情。那就让人不敢喜欢了。

4. 太过爱钱的女人。女人是比较现实，因为她们必须考虑后代生育和抚养，天生需要有安全感。所以她们对钱比男人看得重要一点也无可厚非。但是如果把钱看得太重，就会让人不敢接近。

除过这些，男人还对以下几种女人不大感冒，甚至是厌烦。

第一种，男人不爱强女人。一项刊载于《进化暨人类行为》期刊上的最新研究指出，男人比较喜欢职位较自己低的女性当伴侣。

这项研究是由一名女性和一名男性所共同进行，分别是密西根大学的 Stephanie Brown 和洛杉矶加州大学的 Brian Lewis。

Brown 和 Lewis 对超过 300 名大学生进行研究，其中 120 名为男性；研究人员观察优越感是否会影响选伴的意愿。这里的优越感和人格无关，主要是身份地位和权力。

参与者被问道，请试想自己处在一个工作环境中，他（她）们在读着关于“志明”（约翰）或“春娇”（珍妮弗）的数据，其中提到对方可能会是他（她）们的助手、同事、或上司；他（她）们同时看到“志明”和“春娇”的照片，从相片可看出两者相仿的年龄和吸引力。

接下来，参与者就他（她）们对这虚构的人物，是否有兴趣在下班后约会进行评分；他（她）们将“志明”和“春娇”的外表进行分类：没有伴侣的活跃人物、一夜情的对象、约会的对象，以及可结婚的对象。

当问及谈恋爱或性爱选择时，参与者只检视了想象伴侣中的那位异性；他（她）们同时也被告知公司并无规定员工不准谈恋爱或滋生办公室恋情。

男性较倾向选的伴侣会是他们工作上的助理，相较于一时的放纵或是运动伴侣，特别是在较高风险的长期关系中，如结婚或是约会，特别会有这种倾向。女性并不会特别考虑优越感。

这项研究发现并没有让 Brown 和 Lewis 感到惊讶，Brown 和 Lewis 预期，男性对被描绘成是他助理的女性会较感兴趣，而对被描绘成他的同事或上司，则是不太感兴趣。

第二种，男人不喜欢对自己指手画脚的女人。男人心中都会有英雄情结，希望保护自己心爱的女人。如果一个女人老对男的指手画脚，指责他这不对那不对，久而久之会降低一个男人的自信心，对男人造成心理上的打击。会让他看到你有一种畏惧心理，既然说什么都不对，做什么都不好，那么她就会什么都不去做，包括与你聊天。这样的女人即使打扮得再怎么漂亮，见面一两次以后，也会让人不感兴趣。

1965 年《哈佛商业评论》进行的高级工商主管调查中，2/3 的男性主管和 1/5 的女性主管表示在女老板手下工作感到不舒服。而近期许多研究表明，无论男女都并不倾向于接受女老板的领导。这也从侧面说明了这个道理，女老板对男下属的指挥，心理上会带给下属不悦。如果再碰上是那种管得太多的女老板，那么真的会让人不喜欢。

如果一个女人能知道男神喜欢什么样的女人，和不喜欢什么样的女人。那么只要照着男神喜欢的样子去做，改掉男神不喜欢的，我想男神必然会离你不远了。

#明白男神没找到女朋友的根源#

现实中我们见到过很多出色的男人老大不小了也没有女友。如果他是你的男神，你会以为他是大众情人，而不敢去争取吗？还是觉得他某方面有问题呢？要弄懂这个问题就要先看看男人没有女朋友的几种根源。

现实中好男人没有女友的现象还是比较常见的。

一是，好男人不会随便去搭话。好男人开始追求之前就要考虑负责任的问题，所以不完全中意的不会去追，条件不成熟的目前不能追，对方已有男友的不能追，未来前景不看好（如在不同城市）的不能追，限制极多。

二是，好男人诚实，不说花言巧语，不说假话恭维，实话实说，有时候对女方的缺点也坦诚相告，往往让女人心里有了一道坎。

三是，好男人总想着尊重对方，不会找机会调戏非礼。对人恭敬有礼，反而让一些喜欢他的女人敬而远之。

四是，好男人的约会经验通常比较少。所以对女孩子的心思细微处就懂得少，谈恋爱的知识比较空白。就会让女的觉得不够关心，不来电。

五是，好男人有原则，循规蹈矩，往往显得乏味，缺少一点激情。而女人有时候要的就是新鲜感和激情。这样才会让女人愿意认识你。

有些女人的虚荣心、自尊心很强，喜欢甜言蜜语，往往诚实的好男人达不到她们的期望值，只有坏男人才能编造出一个她们心目中的理想世界。

好男人在乎道德与责任，其他的顾忌太多。如果你喜欢的男神，是因为他是个好男人，那么为什么他单身，那真的有可能是上面五点中的一个。所以趁着别人还没有表达的时候，你不妨试着联系、交往一下吧。不要等你的男神有另外一半再后悔。而且好男人一般会对喜欢的女人很好，等他真有女朋友的时候你只有羡慕了。

要记住男神并不是什么都好，什么都需要你崇拜，或许他是一个恋爱空白者呢。所以别太怕、别太自卑。大胆去搭话吧，说不准他就是你的了。

#女人展示个人魅力，拉近距离的技巧#

所有的邂逅都起步于魅力。女人的魅力是征服男人的最好武器。

下面细分一下女性展示魅力的来源：

1. 容貌姣好。女人只要容貌姣好，似乎就可终身有靠。不过俗话说只有懒女人，没有丑女人，所以只要你用心打理容貌也能够变得让人赏心悦目。

2. 善良的女人。善良是一个人最好的品德，如果一个女人很善良，就会让人想要亲近。对身边的人亲善，不以善小而不为，无形中你的魅力就会增加。

3. 有一技之长。“女子无才便是德”的说法早已过时，有一技之长不单单能够为你获得生机，还能够提升你的人际关系。比如有人说“弹钢琴的女孩可爱”“跳芭蕾的女人可爱”“字写得好的女人可爱”等等。

4. 服饰相称。女人服饰无需华丽，但必须看起来干净，和你的年龄、肤色，以及季节相称。如果你性格偏可爱，可以加一些卡哇伊的小装饰，如小饰物熊、小饰物兔子。第一次与人见面时，可以根据对方的身份，搭配穿戴，如果是私人交情，不用穿得特别正式，只要得体，你的魅力就会自然显现出来。

5. 活泼。活泼的女人就像一道亮丽的风景，能够让人心情愉悦，带给人欢笑，自然也会让人们不知不觉喜欢上她。

如果是要邀约男神。千万记得不要做以下几点有损魅力的事情：

1. 不要把阴晴圆缺全部表现在脸上

一个女人，如果懂不懂就发怒，就生气，就会很难让人接近。甚至于研究表明，经常生气的人，容貌也会变得有点狰狞起来。

2. 邀约时，不要中途接电话

和人邀约时，如果有电话打进来，不是急事就快速挂断，等你过了约会的时间再打过去。中途接电话，如果你一直和电话那边的人聊天，会让和你见面的人感到受到冷落，即使表面不说，下次再见面会很难。

3. 不要显得太敏感

女人太敏感，会让男人难以接受，甚至会觉得有压迫感。如果初次见面就一副审视别人的态度，会让人不敢和你对视，逃避你的话题。如果无论别人说什么做什么就提防别人是否别有用心，那么本来刚见面的人，就会什么都不敢说什么都不敢做。自然你的魅力，也会一点全无。

女人的魅力是种美，不雕琢时美得自然，稍加修饰后美得华丽。只要能够学会展示这种美，便能够赢得男人青睐的目光，也能够取得更多的机会，活得更加洒脱、适意。

不露痕迹地要到联络方式

目前在中国，人们对陌生人上前搭话还是比较戒备的。分析主要原因是推销和诈骗的太多了，所以在增强安全感这一方面需要多加注意。若你是新手，最好自然开场，再加强一下安全感，不要吓跑了心仪对象。只要开头顺利，之后要到联系方式应该不难。可是怎样要到对方的联络方式呢？当然要有技巧，你要是一上来就直接说：“把你的电话号码给我！”人家不被你吓跑已经算是好的了！虽然，男性一般不会被女性吓跑，但是男士一般不会喜欢强势的女人。即使一下子给了你联系方式，也会对你留下一个不好的印象，甚至只是敷衍你一下。

所以对女性来说，如果能够不那么直接，不露痕迹地要到对方联系方式，那是最好不过的了。

当然，如果你是以工作的名义，或者在某个正式社交场合，不论男女互留联系方式会显得很有必要，反而，你不留联系方式或是过程太过委婉曲折，会让人觉得不舒服。

如何不露痕迹要到对方的联系方式呢？当然是有技巧的，要是你一上来就说，“电话号码告诉我？”人家一看还以为遇到女飞贼呢。

下面，看看一个女士如何巧妙要到心仪男士电话号码的实例。

暑假里，小美经常去家附近的溜冰场玩。这次，小美来玩的时候，发现了一位男士溜冰很帅，长得也很帅，她很想认识一下。于是，滑冰的时候假装摔倒了，第一次离那位目标男士不是很远，她觉得她的摔倒足够吸引到他的目光，第二次小美同学摔倒在目标男士的身边。目标男士，前来扶起了她，一切发生的都很自然。

小美高兴地说，“谢谢你。”一边说一边装作仔细看那位男士的样子，继续说，“哇，你很像 ××× 大明星啊，我很喜欢他的。”

男士高兴地笑了，说：“谢谢，可惜我不是啊。”

小美这时不失时机地说：“你笑得样子和那位 ××× 大明星真的很像，你就不要谦虚了，而且声音也很好听。”一边说，小美一边下意识地找手机，接着说，“不信你打过来手机给我，我开着免提给你听听你的声音。”

遇到这种情况，无疑，男士毫无防备，自然会打下电话。或许会说句，“真的吗？我听听。”当然，也有恍然大悟的，会在心里说句：“原来你是想要电话号码。”

当然，这位男士，也很配合地就打给了小美。虽然小美溜了一会冰就走了，但是因为留下了联系方式，他们没多久就成为好朋友了，听说还一起看电影、一起去爬山了……

当然，还可以换一种老套的方式，就是求助的方式，这招女士用起来比较管用。

如果看到心仪目标，在休息时，可以上前，坐在他傍边，一边翻自己的随身包一边主动开口聊天，说：“您好，能否借你电话打一下我的手机，我手机在包里找不到了。”虽然，稍显直接，但是也做了很多铺垫，看起来当然也自然，不会引起太大误会，而且能很快要到电话号码。

如果没带包，可以假装不小心手机掉在了地上，捡起来后，自己试着看看好不好使时，恳求傍边的心仪目标，帮你打电话检查一下手机是否正常。

下面我们通过三个小场景来再说明一下，不露痕迹要到电话号码的方式。

场景一（利用求助）：

女士：“您好，我手机找不到了，能求你帮我打一下，让响一下吗？”

男士：“好的。”

女士：“13××××××××××。”

男士：“打了。”

场景二（利用夸赞）：

女士：“您好，你长得像×××大明星（同学或者某个熟人）都行。能认识一下吗？”

（女士，此时可以继续夸奖，如果男士对你有意思说不定直接找你要联系方式了。）

男士：“谢谢你啊。”

女士：“你要是不信，把你微信号码给我，我发那位明星的照片给你看。”

场景三（利用邂逅）：

出现在心仪对象必经之路，假装被碰到（也可以结结实实地被碰到。此时如果你或者心仪对象手里拿着饮料或者什么更好。这也是很多影视剧里常用的两人结识手段。）

女士：“对不起。”

男士：“不要紧吧。”

女士假装被碰疼，多在地上待会，期间说：“我没事，没事。”有心的男士，说不准会多陪你一会，或者留下联系方式离开，以待今后赔礼。

希望，这三种场景的小说明，能够帮你不露痕迹、不那么唐突地要到心仪目标的联系方式。

另外，在掌握不露痕迹要对方联系方式的方法时，不可忘了，只凭借微笑和眼神也能够帮你不露痕迹地表达自己的意思。

比如我们说的眉目传情。那就是看到熟人或者喜欢的人，对视、眼睛放光、脉脉含情等等，这对很多人来说不陌生，甚至是不经意点就会。还有，不开口只用招手的方式打招呼，有时候对初识或心仪的人用招手打一下招呼也是很管用的。莉莉说她和男友一开始认识就是每次见面男友都先给她招手。次数多了以后，他们才聊天认识的。

当然，想要不漏痕迹地要到对方的联系方式，是需要一番工夫的。所以，请结合自己的实际情况，带上一颗真诚的心，参考以上实例，多进行练习吧。

拉近距离，相亲就成功了一半

现在是网络时代，可是年轻人依然高谈阔论着相亲计划，说起来实在有些好笑。但是仔细想想，经常遇见的也就是那么几个人，我们的生活圈子也不过就是那么大。到了适婚年龄找不到合适的人大有人在。

于是，反对早恋的父母开始走马灯似的为子女挑选各色人等，而关心你的七大姑、八大姨也会捡起保媒拉纤的老本行，就连朋友也会替你担心：你啥时候能把自己处理出去啊？于是一出出相亲故事上演。

对于相亲，我们总是有这样那样的看法，其实相亲无非是一场有正式约束的搭话活动，只不过多了个见证人而已。那么，相亲的成败在于什么呢？

相亲中无非有二：亲友介绍和婚介搭桥。下面我们就从这两方面来看看相亲的成败关键所在。

1. 亲友介绍

不可否认，能够为你的婚姻大事发愁，并且不遗余力地希望促成好事的亲友，一定是你最亲近、最值得你信任的人，所以不看僧面看佛面的想法和做法终究没错。

亲友介绍本来就是拉近距离的一个方式，他们会向你介绍对方，同时向对方介绍你，通过这样的介绍可以避免不必要的尴尬，自然就能拉近距离。不过，在亲友介绍时，一定要记住以下几个问题：

（1）尊重亲友胜过尊重自己，把亲友的面子放在第一位。一定要把相亲当回事，切记：不看僧面看佛面。

（2）顾及自己脸面就是顾及亲友脸面。见到对方甚为满意不要喜形于色，对其甚为不满也不要写在脸上，这样才会给足亲友面子。

（3）穿着得体。女孩一定要注意这点，即使提前预知对方是个帅哥，也不要太过暴露。

（4）切忌迟到。或许，你上班迟到不在乎那点微薄的罚款。但相亲这天千万不能迟到，否则不但你会被认为没有时间观念，而且亲友也会很没面子。所以不妨提前出发。

（5）讲普通话。要是两人都讲地方话也就罢了，如果其中一人说普通话，那么保持一致比较好，这不但证明你们的素质，更是证明介绍人的素质。

（6）不要抱着宰对方一刀的想法而选择消费太高的地方。这一刀还是宰无关紧要的人比较好，如果将相亲的对方宰得太狠，心中流血的恐怕不只是他，还有你的介绍人。

（7）将见面进行到底。即便对方有再多不是，而你有千万个不满，也不要拂袖而去，要给足介绍人面子，伤心的话留到明天再说。

（8）将亲朋定为最佳话题。既然你们之间的媒介是亲朋，那么他就是你们永远的话题，即便双方一时语塞，也可以说："某某这个人挺不错的。"

（9）互相吹捧。看似吹捧对方，但有些话是说给介绍人听的，你们的吹捧只是证明亲朋并非乱点鸳鸯谱。

（10）见面切记女士优先。这是男孩应该遵守的重要规则，见面时间、地点的选择就可初见端倪，否则不但女孩会认为你没有绅士风度，亲朋也会认为你是个没有礼貌的毛头小子。

上述这几条的作用是，对方会从细节观察你的一举一动，所以每一个细节都是必不可少的，不要让自己不当的小做法将两个人的距离拉大。

2. 婚介搭桥

如今的婚介机构，主要是婚介网站，当然也有部分是传统婚介所。需要注意的是婚介机构毕竟属于服务行业，所以注意事项不同于"亲友介绍"。

（1）交了钱你就是顾客，婚介机构会把你当成服务对象。如果是婚介网站，你交了钱以后就能够看到对方的详细资料，想怎么了解，需要符合你提的什么条件，你可以大胆提出来。当然如果是婚介所，你也要小心他们以婚托的形式向你收费。

（2）杜绝自欺欺人，为了提高成功率，一定要亮出自己的英雄本色。遮遮掩掩未尝不可，但是就怕耽误的不止是对方的时间，还有你的时间。

（3）不要隐瞒感受，试一试的想法都很可怕。如果说亲友介绍需要顾及亲友面子，婚介搭桥就完全没有必要了，感觉好或坏只有你自己最清楚，将来日子过得如何也只有你自己才能感受，削足适履的想法千万使不得。

（4）不要完全相信婚介，要相信自己的眼睛。人嘛，在形容自己的时候难免出现浮夸，所以当婚介向你推销某人时，不要盲目憧憬，耳听为虚眼见为实。

（5）可以和好友（闺密）一块前去。这样做的好处有二：其一，请好友帮自己参谋参谋，俗话说“当局者迷”；其二，一旦出现任何紧急情况，好友可以护驾。

（7）为了和对方进一步发展，适当说些不违背原则的谎话。善意的谎言是必不可少的，相亲当然也不例外。如果对方就是你的梦中情人，说一些不违背原则的善意谎言就无所谓了，不过也要看准对方是否能够接受。如果不能，最好还是打住，免得竹篮打水一场空。

（8）选择交通便利、人口密集的地点见面。俗话说知人知面不知心，熟人况且如此，更何况一个陌生人。所以防人之心不可无，千万不要选在对方家中见面，否则吃亏就后悔莫及了。

（9）亲属千万别跟随，不管你是否能看上对方，如果老妈在身边突然说上一句特煞风景的话，丢脸的一定是你自己。

相亲的成功与否，更大程度上是说明了一个人能不能成功拉拢对方。一个第一次见面的人自然会觉得你的一切都是陌生的，有些人天生的交际够好，三两句就搞定了一个相亲对象，而有的人，语言跟不上，甚至很惧怕相亲。

对于第一印象没有自信的人，首先要塑造个人风格，必须事先决定想给人留下亲切的好印象，还是强烈深刻难忘的印象；然后每次与陌生人见面时，就能散发出你想要的感觉。只要记住表情、姿势等黄金法则，应该就不会出丑了。至于服装打扮方面，如果你是个表现欲强的人，就必须装扮得很有个性美。

当然相亲过程中关键的部分是你开口说的话。所以必须记住相亲过程中的沟通秘诀。

初次沟通交谈就成功的四大秘诀：

1. 要回答别人的问题，而且要有响应。面对陌生人交谈时，为了松弛紧张的气氛，必须努力制造亲切的感觉。如果人家问你问题，不要简单回答“是”或“不是”，也要试着回问对方，让话题能够继续下去。

2. 放下陌生人情结。面对陌生人不要特意装模作样，不过也要表现出你的诚意。其实每个人与陌生人交谈时内心都会不安，一定要自己先放下陌生人情结。

3. 解读现场的气氛与对方的心态。要避免谈论会让对方厌烦的话题，不要你一个人一直发表高见，也要多多倾听对方说话。总之，一定要解读好现场的气氛，看准机会再发言。

4. 绝对还有挽回的余地。就算对方的反应不是很热烈，也不必觉得沮丧。我们原来就不可能讨每个人的欢心，不过一定还有挽回的机会。你的态度一定要乐观，将对方的优点挂在嘴边，而且记得说一句："谢谢您今天的到来！"

在相亲实战中，语言是除了外貌形象外最重要的东西，用语言拉近双方距离，相亲就等于成功了一半。

生活里，对于每个人来说，语言都是与外界沟通的桥梁，要让自己变得有魅力，多学习一些拉近距离的话语吧！

Chapter Seven

结识后的表白与套牢

“乔·吉拉德说过，真正的销售是成交后开始的。套用这句话的道理，结识后的表白和套牢，才是认识一个喜欢的人的真正目的。”

怎么能让对方对自己死心塌地

总是听见有朋友这样说：明明很快就认识了，结果没隔两天就不理我了。那么这里随便问一句：你最后巩固了吗？

没错！就是“巩固”！怎么能让对方长久地留在自己的伏击圈内呢？我们要做一系列的准备。

你和女孩子开始交往，从“普通朋友”变成“好朋友”，再到“非常非常好，无话不谈的朋友”；某一个阳光灿烂的午后，你“不小心”拉了她的手；“月上柳梢头”，你突然袭击吻了她。这时她是你的女朋友了，无论她是否承认，她心里已经认为你是她男友。

其实，最高明的，直到确立了关系都没问过“你是否愿意做我女朋友”，最后女孩子急了：“你怎么还不求我做你女朋友啊？”所以说，千万不要急于把窗户纸捅破，情况越朦胧对你越有利。

受欢迎男士对于非理想中的女性总保持敬而远之的态度，而对于心慕的女性，则有办法将她留在自己身边。女性对于引人注意的男子一定会产生好奇心，这种好奇心可以运用在有趣的对话中，也可以运用在具有新鲜度的情报资讯上。

如果你人缘不好，即使对方很有好奇心，一见到你也只会拼命地躲避。不受欢迎的男士总是相当寂寞，他们非常希望能置身在热闹的气氛中，但想要成为受欢迎的男士，必须拥有自信及良好的人际关系。相信这样，好的女孩子将属于你。

在碰触女性后，比较能增进彼此的亲密感，如果你有机会接触她的膝或手，那就相当完美了。但是如果你们是第一次约会见面，可别有这种举动。在咖啡店、餐厅之中，你最好选择并列的位置，如果你选择面对面式的座位，便没有机会去碰触对方。

好不容易有机会可以约她出去，却不知要带什么礼物。如果去的地方比较浪漫，可以带一束花，因为女人对花有一种天然的喜爱。当然，中国女性的传统比较保守，普通场合见面，一般不建议带花。比如如果你们相约去运动的，可以带瓶水。至于用餐方面，第一次也许要稍微慎重一点，第二次则可以选择二人套餐式，以增进彼此的亲密感。如果你和她能够大口大口地吃东西的话，你们的关系就不只是朋友，而是情侣了。

在对方成为你的女朋友以后，很多人苦于彼此的关系无法更进一步。其实，如果这些人不是过于不在意，就是经常让增进情感的机会悄悄溜走。

神秘对女性来说是相当重要的。比起他人的介绍或在工作场合中认识的男性，偶然间交往的男子更能吸引女性。如果这种偶然的情形重复发生的话，那女性必定会深信缘分的存在。但是能创造出第二次的偶然吗？其实这是每个人都做得到的。如果你无论如何都希望与某位女孩会面的话，你可以详查她的上下班路线及其他相关事项，制造第二次偶然的机会就容易得多了。

接受女性视线才能做个成功的男人，女性总有注意男性真面目的本质存在，所以在了解男性真面目并非自己所喜欢的类型时，多半会借机逃脱，若能配合她的喜好，进行一些改变是最好的。而且记忆力较好是女性特征，有些男士已经忘了的一句话，女性却记得非常清楚，所以你最好记住你对她说的每一句话。

在赠送礼物方面，如果你追的美女喜欢小物品，你可以送戒指、手表或是小花之类的，如果她喜欢的是大型物品，你可以送大型玩偶或是大而多的花束，都可以赢得她的欢心。一般来说，喜欢小物品的大多是较成熟的人，因为这些物品可以放在自己能控制的范围中，因此多半不会随心所欲地有所行动；而喜欢大玩偶的女性则多半还有一点孩子气,所以当她高兴时，可能会缠着男友不放，不过也有可能在抱腻玩偶后，就不想再拥抱你了。在这方面，喜欢小物品的女性虽然比较会让你破费，但似乎比较容易培养长久的爱情。

不要以为要到电话号码或者约会就能掌握一个人，其实不是。女人是善变的，即便是你拥有了与她共进晚餐的机会，也不见得你就能成为她的真命天子。

其实，你可以在搭话后进行“行为攻势”，可以很有耐性地每天发信息问候，也可以定期送花给她。每天的问候持续时间不要很长，最好就前半个月。不然，时间久了自己也没话说了。

接着，你就可以将攻势转为“欲擒故纵”。你长时间地给一个人发问候，突然有一天没有了，那么，任何人都会觉得生活中缺少些什么。这个时候就是你展开攻势的最佳时机，你可以买一束鲜花，出现在她公司（寝室）门口。切记，最好是晚上，因为下班后的时间比较充裕。看到那个心动的她，举起花，开始你的进攻吧！

有些男士会抱怨，当时搭话得太匆忙，以至于自己没有完全了解到对方的性格。男女间的性格相同当然是最好的了，世上常有某两个人被称做“天生一对”。这些人除了在认识之前就有许多共通之处外，当他们共同生活时也有很多相似的地方。

男女间如果能彼此互补也是非常不错的组合。在老板身份的女性群中，经常有人会为了证明自己的收入，表现自己强悍的一面给别人看。如果你的女伴是这一类的，你不妨找个机会反过来对她撒撒娇。

女性的自尊心越强，你就越容易抓住她的心。这种女性，所说的和所做的大致上都一样，最重要的是满足她的自尊心，所以你有时不妨扮演一下爱情的奴隶。和这些女性相处时，你只要切记“绝对不和她唱反调”这个原则，追求她们将会意想不到地容易，而且她们往往是很理想的对象。

做这种温柔的行为，并不能太刻意，你得掌握时机，用很平静的态度来做。如果你能对小狗、小猫展现亲切的笑容，或是对小花小草显露爱怜的话，都是相当重要的。此时她必定会想你对这些小东西都这么有感情，那对女人的情感则更加毋庸置疑，同时她也必定会确信你是一个非常温柔的男人。这样你就成功一半了。

约会的时间一般选择在午后，在大部分的恋情式歌曲中，似乎没有以日当午为背景的，而且没有人不会因为看见海边的夕阳而沉浸在感伤中。

一段恋情总是得先沉浸在感伤中，感受到一个人独处的寂寞后，才能体会到情感的滋味。如果一位女性认同上述情景的话，那她一样会接受这段情感。有人认为女孩子很容易被人骗，但是真的是这样吗？

事实上女孩子在面对心目中的白马王子时，会有即使被骗也心甘情愿的想法。所以在她们面前出现一位气质不错的男人时，这些女孩子大概会以自己的愿望来赌一赌运气。

因此搭话的最终法则，是让对方对自己死心塌地，与一个陌生人相识我们还能期盼什么呢？无非是以后好好相处、常联系之类的。搭话时的话术和注意事项固然重要，但是在搭话后套牢才是根本。

长久拥有一份感情的终极法则

为了避免在搭话中被拒绝，你需要加强搭话环节的沟通质量，尽量给女孩留下深刻又安全的印象。现场约会是有效避免不接电话的手段。后续跟进要做哪些工作呢？

1. 发短信

后续初期，用短信的形式，对方一定能看到，有时间就会回复。如果打电话，可能女孩工作正忙，就不会接电话。

要到号码以后多久发短信较好？有人说隔几天再发比较好，这样显得不那么急迫黏人。这种说法很有道理。但在很多情况下，10 分钟后女孩就不记得你是谁了，大家都太忙，干扰也太多。

所以，最好是在要到号码后马上给女孩发一条短信，有时候是告诉女孩你的名字，因为搭话时候没来得及自我介绍；或者是对于搭话过程的一个评论“突然想起来你竟然穿着拖鞋逛商场啊”；或者是一句问候“你还在陪朋友逛街吗？”

如果女孩没有立即回复你的短信，你就换个时间再发一条短信。好多时候只是她手机没电或关机了，有些时候是她不知道该怎么回答，犹豫不决放在那里。

有些时候，你可以发送些好玩的心理测试；有些时候一句简单的问候，像“我在等车，你下班了吗”就够了。如果你不知道怎么发送好玩的短信，可以上网收集一些这类的素材。

经过一段时间的短信交流，通常是一两个星期，你们双方有了一定的熟悉感和信任感，这个时候你就可以给女孩打电话聊天。

2. 打电话

女孩听过你的声音可能会觉得你是个好人，虽然你可能经常在短信和QQ里装成流氓。许多人对美女有恐惧，不敢打电话，用短信来逃避声音沟通。

短信沟通太久又不升级沟通方式，女孩会对你失去兴趣。对一些性格直爽或工作忙碌的女孩，最好一开始就用电话沟通，她们讨厌男人婆婆妈妈地发短信。

第一次打电话聊什么呢？开始最好是一种随意问候的态度，在女孩对你还没有太多兴趣和热情的时候，你不要拿着电话不放。装熟的办法很实用，如果你打电话的口气好像对方已经是认识多年的朋友，女孩也会渐渐进入角色。

3. 聊 QQ、微信

很多女孩喜欢用 QQ、微信聊天，即使她有你的电话，也会要求你上网和她聊。QQ 和微信这种即时通讯工具，能让你有充分的时间思考如何应答，能让擅长文字的人有更大的发挥空间，而且现在的聊天工具还设置了撤回功能。能够让你不小心发出去的内容进行撤回。可以说比起当面讲话，QQ 和微信有不少好处。

懂得与人相处，可以让你少走弯路，尽早成功。其实，每个人要取得成功，仅有很强的工作能力都是不够的，你必须两条腿走路，既要努力做好自己分内的工作，又要处理好人际关系。

爱情本身就是一项事业，是关系着一生幸福的事业，它需要用一生来经营。对于爱情，不能奢望它过于完美。一屋不扫，何以扫天下？连爱情都经营不了，还拿什么去经营事业、经营人生呢？朝三暮四，放手就后悔。无论你做哪项事业，能够今天换这个，明天换那个吗？哪项事业不需要一个培养期呢？

恋爱是另外一所大学，它的课程是“如何经营爱情”。在恋爱大学结业有两种形式，一种是失恋，一种是结婚。一种是留下伤痛和快乐交织的回忆，一种走向红地毯铺就的婚姻殿堂。

你发觉了吗，那种新鲜的感觉总是在一开始很甜蜜，总觉得有一个人陪着，多一个人帮你分担，你终于不再孤单。至少有一个人想着你、恋着你，无论做什么事情只要能在一起就好。

但是慢慢地,随着彼此的认识愈深,你开始发现对方的缺点，于是问题一个接着一个地发生。你开始烦、累，甚至要逃避。

有人说，爱情就像拣石头，总想拣到一个适合自己的。但是你又知道什么时候才能拣到呢？他适合你，你适合他吗？其实，爱情更像是磨石头。或许刚拣到的时候，你不是那么满意，但是记住，人是有弹性的，很多事情都是可以改变的，只要你有决心、有勇气，与其到处拣未知的石头，不如将自己拥有的石头磨亮。

很多人认为感情淡了，所以才变得懒惰。错！其实是人先变得懒惰，感情才变淡的。

#让对方看到你的坚定，你们的关系才能长久#

与人相处是一门艺术，是我们在社会生活中的一种必然行为，也是我们每天生活中的重要内容之一。搭话之后，要与被搭话的对象相处得更好，那就要树立坚定持久的形象。

我们所有的行为几乎都与别人有着千丝万缕的联系。工作中我们要与领导、同事、客户相处；生活中我们要与家人、朋友、陌生人相处。

所以，谁都无法躲开这种行为艺术而成为孤立的个体。那么这就成了一门学问，不管你有多高的文化、多大的本事，如果不懂得与人和谐相处，也必定是一个失败的人。

与人相处需要注意最基本的几点。

1. 低调做人

有人觉得低调是一种无能、懦弱的表现。其实低调是一种境界，一种智慧，一种宠辱不惊的沉稳。尤其在与上司相处时，低调更是一条不可跨越的警戒线。

适当地表现，让别人看到你的卓越之处，是有益的。但如果把张扬、炫耀当成赢得别人重视的手段，则会适得其反。如此不但会失去好人缘，还会因居功自傲、过分表现、自以为是等，招致别人的反感。

谦虚是一种美德，更是一种潜在的力量。孔子说得好："君子做事不自大，居功不自傲。"谦虚使人受尊敬，自大使人远离朋友。

2. 以和为贵

在传统的处世哲学中，"中庸之道"被奉为经典之道。奉行"中庸之道"的人，常常被一些自视清高的人认为是"老好人"，缺乏主见。其实中庸之道是遵循"以和为贵"的理念。

和谐的人际关系是一个人生存的基本，也是图谋发展的必要前提。当今社会，人在温饱之后最希望得到的该是"自我价值"的体现。所以，不要一味地否定和批评别人，要学会赏识、赞美和肯定他人。

尝试换位思考，站在别人的角度来看待事物，而不是只强调自己的感觉和需要。这不仅会令自己的工作变得轻松，还可以拉近人与人之间的距离。

3. 笑颜常开

微笑是一种令人看了舒心、清爽的表情，是绽开在脸上的最灿烂的花朵，给人以温暖与亲和力。它会令第一次和你见面的人印象深刻，它可以在瞬间缩短人与人之间的距离，更会令你在生活的各个方面受益。

戴尔·卡耐基说："一个人脸上的表情比他身上穿的更重要。"微笑是没有国界的语言，没有什么比你脸上的微笑更重要、更有价值的了。

4. 退一步海阔天空

宽容是人生难得的境界，是一种超乎物质的宽广平静的心态。能够宽容别人的人，一定有一颗像天空一样宽广的心，能容下天地万物，更重要的是，宽容能感染别人。宽容地对待你的对手、敌人，在非原则的问题上，以大局为重。这不是放纵错误，而是包容对方的短处。被宽容的人会用同样的方式宽容他人。

同时，宽容也是一种策略，以委婉的方式化解了矛盾与冲突，会显示出你的理智和遇事不乱的风度。而争强好胜者，必会导致受身外之物所累，失去做人的乐趣。

另外，在与人相处的时候，不应该对人太苛刻，要尊重他人的处世方式与人生哲学，不能吹毛求疵。又批评又说教，没完没了，别人便会对你敬而远之，你自然难以得到朋友。

同样，如果彼此发生了矛盾，而对对方耿耿于怀，那关系自然无法融洽。反之，自己具有很大的度量，从大局出发，矛盾自然会化解，人生之路也会自然顺畅。

记住这句话吧，“得饶人处且饶人”！宽容朋友是一种境界，宽容对手则是一种美德。

5. 心宽路广

现在社会的节奏日益加快，各种事物也跟着节奏的变化而变化和发展，所以我们的认知也要不断地更新，同时保持一种平和的心态。

完全受制于别人，就会失去自我，而完全不接受外界事物甚至保留自己的偏见，也会对自己交往的人和事物产生不客观的评价。而保持一种平和的心态，用客观公正的态度对待别人，时时检察自己，严于律己，并根据实际情况不断调整自己的期望值，这样自己不会对社会、人事等产生失望之情，同时也不会因为误会而导致与他人的不愉快。

人在性格、爱好、习惯等方面有很大的不同，对事物的认识与理解也不尽相同，所以我们不能一厢情愿地要求他人与自己一样，不能以自己的标准和经验来衡量他人的所作所为，要承认他人与自己的差别，学会接纳别人，并包容差别。不要企图去改变别人，这样做在大多数情况下是徒劳的。况且，别人与你的观点或者处世态度的不同，也不意味着别人就是错的，你就是对的。

与人相处，保持一颗平和的心态，如果想让对方符合你的期望值，不妨敬着点，千万别贬低别人，并且要控制好自己的情绪，不要让自己的情绪在关键的时候跳出来，伤了别人，也伤了自己。

6. 知耻而后勇

对每一个人来说，自尊都具有重要意义，它体现了一个人人生价值的分量，让人知耻后勇，成就人生辉煌。而失去自尊也就丢失了礼义廉耻，甚至是非之心。

不过，自尊固然重要，但是在维护自尊的时候也要把握好“度”。如果太过敏感，自尊心过强，会令自己浑身带刺。这样既会刺伤别人，也会刺伤自己，结果就成了“孤家寡人”。

正确的原则应该是，从实际出发，让自尊心保持一定的弹性。也就是说，不要光想着自己的面子，还要看到比面子更重要的东西，比如“职责”“使命感”等。不能在被人否定的时候，为了争一时之快，而偏离长远的奋斗目标。

“你希望别人怎样对待你，你就应该怎样对待别人。”与人相处的时候，我们的尊严不能丢，但也要保护好别人的面子。

真正有远见的人，会在人际交往中为自己积累“人缘”，同时给对方留有相当大的回旋余地。说话不能太刻薄，应该找到利益与自尊之间的平衡点。你希望别人尊重你，你首先要把别人放在心上。

这样下去，在搭话之后，自己的坚定形象才会树立起来。也就是说与人搭话的自信、敢于搭话的勇气，和做积极有用的搭话的行动，都会变成一种坚实的信念。

因此，要想让自己的搭话成功、完美，就将自身的坚定信念无限扩大吧！让对方看到你的坚定，从而攀上搭话的巅峰！

好人缘是巧妙的人脉攻势

对于搭话后的生活，你必须重新认识一下，既然已成功了，并且想朝好的方向发展，就要将这个人融入自己的生活。最容易让对方了解你的方式，就是通过你的朋友！所以你对待朋友的状况以及你的人际关系，都将是美女选择你的关键性问题。

人缘，说到底就是个人与众人的关系。影响人际关系的主要因素不是个人的言辞和技巧，而是自身人格的完善和具有良好的品德基础。当你孤单一人闯入社会这个大舞台时，首先需要获得的便是一个良好的社会关系。好人缘，将是你走向成功的最大资本，是你的巨大财富。拥有好人缘，事业上会顺利，生活上会如意。

但好人缘并非天生就有，它需要你付出后天努力。想一想你在对待同学、朋友时，是否做到了尊重、礼貌、友好、诚实、关心和信守诺言。如果你所扮演的是一个自命不凡的角色，那你的人际关系必然紧张，因为任何人都不愿和一个虚伪、冷漠、不负责任的人打交道。

一个人的内涵比言辞更能影响自身的人际关系。处世技巧再高明，话说得再动听，没有充实的内涵，也很难得到人们的信任，就像没有播种却期望得到收获一样。

真诚建立在人与人之间信任的基础上。在做错事或给别人带来不便、烦恼时，诚恳的道歉也是真诚的一种表现。这话说来容易，做起来也许会需要很大的勇气。此外，同样的错误不应重复，否则你的致歉也会被看作是不真诚的。真诚还体现了人格的统一，即以同样的原则对待所有的人。一个人要想得到他人的尊重，首先要学会尊重他人。“己所不欲，勿施于人”，你不喜欢别人的横眉冷对、颐指气使，难道别人喜欢吗？

在人际交往中，机智风趣、谈吐幽默的人往往拥有更多的朋友，大多数人不愿同动辄与人争吵或者郁郁寡欢、言语乏味的人交往。幽默可以说是一种润滑剂，它使烦恼变为欢畅，使痛苦变成愉快，将尴尬转为融洽。

接受过他人无私的帮助后，不要做“马大哈”，应当在心中常存一份感激，这会使你的人际关系更加和谐。情感的纽带因为有了感激才会更加坚韧，友谊之树只有靠感激来滋养，才会枝繁叶茂。

对待自己的搭话对象，要让她看出自己的好人缘。有时候搭话就是一次旅行，对方选择陪自己旅行的人一定是能够让自己有安全感的人。所以，对待朋友好的人，是她们的首选。搭话也是一次冒险，一部分可能会因此获得一份很好的友情、爱情或者事业。而另一部分人可能会受到打击。

一个拥有好人缘的人，可以轻而易举地俘获对方的心。要知道，就算是单纯地从做朋友开始，你也已经比别人多了很多的机会。所以，不要再愁眉不展了，努力地把自己的人缘都搬出来吧！让他们助你一臂之力，早日搭到心仪的对象。

总结起来，搭话无非就是人与人交流和自身魅力的展现，搭话的最终目的是让人开心或者得到自己想要的。通过搭话，希望大家都能对自己的人生有个更好的诠释。

学会巩固练习，你们的关系才会日日新

与人的相识后相知成为朋友、恋人、爱人，是要靠初识后的不断后的巩固才可以的。要知道，很多人错失的因缘就是认识后，不再有后续动作。即使是得到了好的介绍、很成功的结识了对方。所以，最初结识的时候应该明白一个道理，并不是搭上话就成功了，以后的长久经营才是王道。

一天，阿伟去商场买衣服。那天男装区很火爆，所以阿伟决定在外面等一会儿。过了没多大会儿，一个气质美女出现了。

阿伟仔细观察了一下，这个女孩大约 23 岁上下，身高 170 厘米左右，身材相当好，人也长得很漂亮。

女孩在男装区挑衣服。阿伟心想：不会是有男朋友的吧？不过为了自己的幸福，阿伟还是决定上前试试。这是一次以恋爱为基础的搭话，自然比普通搭话多了些目的性，不过套路都是一样的。

在女孩挑衣服的时候，阿伟走到她面前。女孩并没有注意到他，阿伟拿了女孩之前看过的一件衣服（女孩对这件衣服纠结了很久），仔细地看了一会，又拿在身上比了一下，转头对女孩说："美女，麻烦你帮我看一下这个衣服适合我吗？"

女孩转过头仔细打量阿伟（看来她观察得蛮仔细的），然后微微一笑说："不是特别适合你！"

阿伟大呼一口气假装有些无奈地说："我要去开会，不知道穿什么好！美女你可以帮我参谋一下吗？"

那个美女很热情，立即点头答应了，这自然算是搭话初步成功了。

美女一直在为阿伟讲解穿衣学说，她竟然是做形象设计的，怪不得！

于是进行到下一话题："你来这边是……选男朋友的衣服？"

美女笑道："不是啦！是选我爸爸穿的衣服，我还没有男朋友。"

阿伟心里正高兴呢，美女拿了件休闲外套在阿伟身上比是，然后小心地对阿伟说："这件可以吗？"

阿伟哪有心情看，就随口说了句："哦！好的！"说完阿伟就有些后悔，如果没有选定，大概可以多转转。

于是阿伟打包了那件外套，又陪美女选了要给她父亲的礼物。阿伟突然想起应该要联系方式，便对美女说：“以后如果我想选衣服还可以找你帮忙吗？”

女孩很热情地答应了,并留下了联系方式。一次完美的搭话，成功!

既然阿伟是抱着恋爱的目的去搭话的，因此他决定趁热打铁向美女发起猛攻。但他并没有急着给美女发信息或者打电话，而是回家后就开始计划之后的行动。

第二天，阿伟借口要买衣服约美女出来，两个人在咖啡厅见面，买衣服的想法也成为泡影，最后一直在咖啡厅聊天聊到很晚。

美女名字叫王珊，比阿伟小两岁，两个人就在交谈中成了好朋友。女孩以为阿伟只是单纯想认识自己，或者是巧合，不过接下来阿伟的做法却深深地打动了美女。阿伟天生浪漫，也善于制造浪漫。

女人最抗拒不了的东西无非是鲜花、惊喜、约会、告白。鲜花自然有,每天一朵,插在美女家门口;短信则每天必发一条。这样过了100天,一次精心的约会将两个人的关系推到了顶峰。

阿伟懂得把握搭话后的巩固，所以他才能成功地把美女变成了女友。

一般来说，和美女初步认识后，有两种情况，要区别对待。

第一种,你的自身条件比较好。例如,你比较帅,比较有钱,或者有社会地位，那么你可以走稍刚猛些的路线，就是直接表明意图，循序渐进。一般条件好的美女不会直接答应你的追求，可她会在你的不断追求中观察你，不断测试你，然后慢慢地尝试着接受你。

走这条路线的人需要注意一个问题，要切记刚中有柔，尊重她的意见，不要给她压力，千万不要给她和她的朋友留下自以为是的印象。

有位男士就曾经犯过一个这样的错误,刚开始时表明态度，而且非常小心翼翼，但是女人一旦流露出对他的好感，他就马上对她有了过多的要求，比如在她不方便时强求送她回家，有时会不喜欢她和其他男人在一起。

须知女人的心是极其善变的，在没有巩固到一定程度时，任何错误的言论和动作都有可能破坏你以前辛辛苦苦的努力。所以，这个过程要讲究一环扣一环，任何一环出了错都有可能破坏全局。

总之，就是要尊重她的意见，不要给她压力，尽量和她形成互动。只要你的自身条件属于第一种情况，而且做得很好，刚中带柔，那么这个女人终究会变成你的人生伴侣。

第二种，你的自身条件没有那么好。在这种情况下，你得走一走迂回的路线。相对于第一种的刚猛，这个可称之为柔和路线。刚开始认识一位女性，不要着急表明态度，先以普通朋友自居。然后在不断的接触过程中，慢慢展现自己好的一面，让她对你的感觉慢慢升温。这个过程说白了就是培养感情的过程，用语言和动作挑起她对你的兴趣，如果你属于第一种情况，这种方法同样适用。

走柔和路线的人需要注意一点，就是不可一味地柔和，这样很容易让女人觉得你懦弱。到了一定程度，该刚猛的时候还是要刚猛，要做到“柔中带刚”。

说到后期和女人的相处中，培养感情是很关键的一环。懂得如何培养感情，能够很好地激发女人对你的兴趣，会让她经常想着你、念着你、回味着你。

当你用含蓄的话语表达出你对这个女人的关心、贴心，并且找准她的需求点，直接触动她内心最深处的东西时，何愁这个女人不对你动情呢？但这句话说着容易，真正要做起来还是有一定难度的，所以需要我们多练习，熟能生巧。如果你能坚持平均每天给心仪对象打个电话，练习一下如何培养感情，那么用不了多久，你就会大有长进了。

其实不光是在和女人相处的后期，你在最初认识一个女人的时候，培养感情就已经开始了。在搭话一个女人前，如果有条件，你要尽可能做到先观察，分析她需要什么，她是一个什么样的人。在作了一个基本面的分析之后再出击，基本上就可以做到一箭中的了，不光搭话成功，而且她会认为你很了解她，很懂她。

每次搭话都有个固定模式：初次接触——自我引荐——相互交谈——心怀重聚的希望——结束谈话。搭话后每次和对方约会的时候，都应该谈些对方比较感兴趣的东西，比如对方喜欢到某家咖啡厅，是因为有朋友告诉她那里有免费网络接入服务，她很乐意试用。在此种状况下，一个使谈话进行下去的不错建议，可能是询问在城里还有什么地方提供此类无线网络接入服务。如果你对无线网络不很了解，不如趁机向她求教。再请教的过程中幽默一点，展现你的个人体验。

记得创造下次交谈的话题。为确保你们是在有效交流，而不是简单地问和答。请记住以下要点：

1. 无论什么故事都要留点悬念，这样对方问起来你才有话可说。

2. 尽力将谈话引向对方，比如："你怎么看？"或"是你的话会怎么做？"

3. 在自然的问答中，让你的"同伴"完成另一半谈话。

4. 不要在同一话题停留太久，如果此话题确实吸引人，那就顺其自然吧。

之后依旧要引用搭话的要领，让每一次巩固练习都达到有新意，让对方喜欢与你在一起。

爱情事业相辅相成的作用

良好的搭话技巧可以让你拥有爱情。不过，真正的爱情总归会变成柴米油盐的琐事。所以良好的爱情，还需要搭话以外的部分。那就是一个人的对社会的责任，也就是他的事业。尤其对男士来说事业是爱情基础和支撑。

罗素说："为了爱情而牺牲事业是愚蠢的，但为了事业而完全牺牲爱情同样是愚蠢的。"因此，那种"若为爱情故，一切皆可抛"的"伟大"精神是不可取的！

有一项关于爱情与事业的调查，其调查结果如下。70.3% 的被调查者认为："恋爱在就业前有很大的影响力，在有所选择时，会对爱情和事业综合考虑，理性取舍。"78.9% 的被调查者则认为，"为爱情而放弃就业机会，可以理解但不推崇，因为有了事业基础才有其他精神层面的东西。"

在"把事业放在首位而忽略了爱情"这一项中，44.5% 的被调查者表示："可以理解，因为事业是基础。"但是当自己面临这种情况时，他们会"再三考虑"。其中，41.1%的人不会因为事业放弃爱情。

超过一半的被调查者不赞同也不反对利用"谈恋爱"而谋取职场高位的现象，他们认为："社会上这种现象很普遍，人有时候就是很现实的。"

对于异地恋爱，35.9%的被调查者表示"距离不是问题，相信真爱永恒"。如果双方在各自的城市都有好的工作，那么会选择"既不放弃工作，又会坚持爱情"的"两全法"。

有人说：爱情多半是失败的，不是对终成眷属的厌倦，就是对难成眷属的无奈。婚姻是爱情的坟墓，是围城，挤进去的想出来，在外面的又憧憬着进去。好一个让人费解的围城，让人幸福也让人痛苦，让人失望也让人充满希望。

其实，在世间的婚姻里，爱情大都是在平淡无奇中守望，只要能把这种平淡无奇延续下去，也就算成功了。如果不能守望，也不要悲观失望。天涯何处无芳草，为何要把自己的感情投入得那么彻底？非要搞得天翻地覆、鸡犬不宁？那只是一种愚昧或者单纯的举动。

爱情是一种相互碰撞的心灵火花，即：爱情的作用是相互的！当一方的爱情火花熄灭的时候，不要强迫点燃，即使点燃也难以恢复从前的那种热度和浓度，只是一种随时都可能熄灭的火花。因为，强扭的瓜不甜。

爱情是一种动力，也是一种慰藉。当爱情成为传说的时候，那只是人们对美好生活的一种向往。只是在不断地降低自身的成本，想来，不属于自己的，为什么要强迫呢？给别人一个自由选择的余地，也给自己一个深思熟虑的空间。

给爱情松绑，不要把自己整天置身于一种战战兢兢、提心吊胆的心境中，其实当一方开始冷落你的时候，不妨不要理会，慢慢地，他（她）或许会回心转意。如果你整天处心积虑地折磨自己，那只是在蹉跎岁月罢了，仿佛慢性自杀一样，空悲切！

给爱情松绑，轻松地生活。爱情不能勉强，正如你不喜欢吃甜食，而别人硬塞给你糖一样，勉强的味道让人叫苦连天；即便你盛情难却，拿上别人送你的糖，有一天，你同样会把它送给别人。因为不喜欢，所以送给别人时，你竟然没有一点眷恋，甚至随着时间的推移，你也会很快地忘却。

给爱情松绑，爱情是两厢情愿的事，如果对方不爱你，你也不要死皮赖脸地缠着人家，那样只会降低自己的人格和尊严。不管是结婚的也好，正在热恋中的也罢，爱情都是相互的，正如力的作用是相互的一样。敬人者，人恒敬之；爱人者，人恒爱之。

给爱情松绑，不要把自己的时间都花费在不该守望的日子里。其实在这个物欲横流的社会当中，爱情的得与失，随时可能发生。正如我们经历过地震一样，吃一堑，长一智，随时都应作好预防的准备。

同样，当爱情的地震来了的时候，我们就不会伤得太深，也不会感觉到累。

给爱情松绑，不要伤害他人，也不要欺骗自己。属于自己的，永远都是自己的；不属于自己的，再期盼也是一场空白。

爱情的作用是相互的，如果他爱你，你也要以诚相待。不要辜负爱，不要轻易放弃爱。爱是一种磨合力，时间久了，爱会自动产生永恒性，不需要刻意追求。其实，真正的爱只生长在平淡的生活中，甚至浸泡在柴米油盐中，随着时间的流逝甚至被人们过早地忽略。

爱的作用是相互的。正确地对待爱情，正确地面对婚姻，那样就少了几分忧虑，多了几分洒脱。拿得起，放得下，以一种超脱的心态生活，相信阳光处处伴你左右！

有人说，爱情建立在事业的基础上，如果说爱情真的需要建立在事业的基础上，那这未必是纯粹的爱情。如果不是纯色的，那它又能维持多久呢？或者，没有事业，就算有了爱情，也迟早会在柴米油盐的包围中失去它原本的美好。

所以，爱情是贯穿事业的灵魂，事业是爱情的基础。有人却说，事业需要爱情的催化。但有些爱情是靠事业来支撑的，千万不要因为爱情而放弃事业，也不要因为事业而放弃爱情，没有事业就没有爱情，有了爱情未必就有事业。

一个有志气、有抱负的当代青年应把事业当作生命的寄托，把事业当作人生的最大乐趣。爱情只有同事业联系起来，才能放射出夺目的光彩。爱情的真谛绝不是花前月下的叹息，绝不是双双漫步于林间小路的浪漫。更主要的是，在共同理想、共同事业的道路上携手前进，以事业为基础的爱情才牢固。

真正的爱情是催人奋进的。只有当一个人觉得爱情能使他更加热情地投入工作与学习时，他才会体会到爱情的幸福。而且，“爱情至上”会导致人生迷航，爱情是人生的重要组成部分，但不是全部。

有句格言说得好：“有爱情的生活是幸福的，为爱情而生活是危险的。”如果说爱情是一朵鲜花，那么它只有扎根在事业的沃土里才能开放得鲜艳夺目。

很多男人努力追求事业，目的是什么？无非是要一个很炫的头衔，什么总经理、总监、总工程师、教授、律师……头衔越大，可以享受到的就越多，爱情资本才够高，才能保证他们的爱情货源不断或相对稳定。

男人没有事业，是很惨的。街头流浪的帅哥，没有女人敢要。但上市公司的丑老板却成为绩优股。

其实，世间万事万物，没有完全绝对的。事业重要还是爱情重要？事业与爱情并不是一对矛盾体，并不是追寻了爱情就不能搞好事业。相反，事业与爱情常常是相辅相成的。有了好的事业，往往会带来甜蜜的爱情。当然，有了爱情，事业更会水涨船高。

爱情给人以美好的生活，事业给人以前途和光明。如果把人生比做搏击风浪的航行，那么事业是船，爱情是船上的帆，二者将合力把你推向事业胜利的彼岸。愿你事业、爱情双丰收，加油吧！

Chapter Eight

搭话、邀约千万不能做的事情

“搭话、邀约中也要有所为有所不为。先不说你要是做了什么不该做的事情，会让你的搭话失败，最起码从出发点来看，因为无论怎样的搭话道理和技巧，都是希望你能遇到对的人。并非是要你去妨碍他人，引人不快……所以有些事情，千万别去做。”

我发现我爱上你了。
其实你人挺好……
我有喜欢的人了，对不起。

我们做朋友吧。
我们一直是朋友啊！

我想和你在一起。
我们之间不合适。

我对 TA 那么好，喜欢 TA 三年。
TA 却喜欢上别人。
说明你们没有缘分，如果不是你的，
放手也是一种幸福，强扭的瓜不甜。

别去打扰正在忙碌的人

通过之前的讨论，我们懂得了与陌生人搭话并不是一件很可怕的事情。但为什么有些人却对此讨厌至极。

有一位先生就在自己的博客上写出了忙碌时被搭话的无奈。

一次，我去外地出差，记得当时火车要坐二十几个小时。因为要节省差旅费，所以买的是硬座车票。出差时间定得很匆忙，对于要去走访的这个客户我自己是一点印象也没有，时间又很赶，所以上车以后我一直在看资料，忙得不可开交。

身边坐的是一位小姐，二十出头的模样，上了车她就戴上耳机。对面是两个中年人，应该是一对夫妻，那妇人上了车便开始昏昏欲睡，看来是在为下车后养精蓄锐。

我这边电话一直不断，公司领导不停地在说出差的内容，而对面那位先生不知道在发什么感慨，似乎一直在对我说话，我勉强用手捂住另一只耳朵才听完领导的话。当时我真是非常生气。

刚放下电话，那位先生就问我："小伙子，你是本地人？"

我无奈地点点头。那位又问："是去出差？"

我当时真的有些要崩溃，心想，回答两句他就不能再问了吧？结果，他问的话题越来越多。我不理他，看我的文件，他就自言自语，而且话越来越多。

大约三小时以后，那位先生睡着了，本以为我能趁着空挡多看一遍文件，谁知他的妻子又醒了过来，且喋喋不休地絮叨。长这么大，第一次让两个搭话的人搞得晕头转向。最后，资料是我在洗手间门口站着看完的，直到火车到站了，我都没有勇气回到座位上去。对于我的遭遇，同事小丁也遇到过。他是早上开车去加油站加油，公司对迟到处罚很严，所以小丁一直急切地催那个加油站的小伙子快点，那小伙子倒是一点不忙，一会儿问他在哪个单位上班，一会儿和他开个玩笑。

原本五分钟就能加完的油足足加了半个多小时，小丁当然没有逃过迟到的噩梦。这件事导致他到现在都不想再去那个加油站加油。

怎么会有人看不出别人的急躁呢？其实，有人在搭话的时候是不自觉的，他们根本没有意识到自己搭话会影响别人，所以通常这个状况下，等待他们说完是行不通的。

他们会觉得你正在聆听他们说话，喜欢听他们表达。其实你心里并不是这么想的。因此，搭话者要表达的时候，先要知道对方是否能够聆听，或者是否有时间听你表达。这也是给大家的警示，有则改之，无则加勉吧。让我们看看有位的士司机，在路上听到的一位美女顾客的一段话：

司机说，她有次在车展拉了一个模特。模特上来就抱怨。

“车展时，总有无聊男人围过来递名片，要号码。”

“我们都习惯了。”

“接到名片转脸就扔，号码绝对不给。”

“除非是跟工作有关的人，给他留个联系方式。”

“但是没有确定的事情，肯定不会去见面。”

这段话其实是提醒搭话者：搭话，不掺杂利益因素才能换来纯洁的联系方式。

这里的建议是，如果你真有心认识哪个正在忙碌的人，就不要在正在忙碌的时候出手，不妨等Ta闲下来之后再去找人家。

忙碌的人自然是不好惹的，轻则他们不理你，重则可能会教训你或者动手赶走你。所以说，搭话一定要把握好时机。注意一下别人的感觉再去搭话，这是对别人的尊重，也是对自己的尊重。

搭话没有成败，被拒情况之分析

列举过多的搭话成功的事例，难免给大家造成一种错觉：只要方法正确，搭话就很容易。其实不然，搭话是个概率事件，至少有 50% 失败的可能。

同样的时间、地点、场合、开场白，但是会有不同的结果，这实在不是我们的错，只能把原因归结到对方身上了。

经过总结，可以把拒绝我们的女人分为五种类型：温暖关怀型、冰清玉洁型、大惊小怪型、尖酸刻薄型、敷衍了事型。

1. 温暖关怀型。这是被拒绝的搭话中最人道、最体贴的一种，甚至可以不算被拒绝，但是毕竟没要到对方电话。这类情况多见于对方已经有男友或者结婚，虽然我们聊得很愉快，可一旦提出保持联系，她们却绝对坚持原则，不过语气都充满歉意，让主动搭话者们感觉虽败犹荣。

2. 冰清玉洁型。这类女孩通常漂亮、时尚、小资，还很上进。在她们面前，搭话高手也成了“透明人”，她成了聋哑人，好处是节省时间，马上就知道没戏。冰清玉洁型的年龄一般不超过25岁。

3. 大惊小怪型。这类女孩通常也不会超过25岁，还有点儿神经质，而且不会很漂亮，所以被搭话的经历不多，遇见主动搭话的人一般都当作变态处理。常见表现：在人多的地方是倒退几步，双手外推，作求救状；在人少的地方是撒腿就跑。

4. 尖酸刻薄型。这类美女显然对男性带一点儿仇恨。搭话者一句“你好”直接换来恶狠狠的一双美丽的白眼。这时候，搭话者心里就是两个字：“冤呐！”

5. 敷衍了事型。这是被拒绝最常见的情况了，基本都是正常女人，可能就是看我不来电、不顺眼、不舒服、不放心，但是人家也有礼貌，人家也给面子，跟你应付几句话，聪明识相的，给台阶就下了。

其实最令人沮丧的就是这第五种情况，因为其他几种类型还能令我感受一下人生百态，而遇到这种敷衍了事型的，让人立刻回到死气沉沉的现实。

下面对搭话全流程中的一些常见错误作进一步细致的分析。

1. 开场阶段

搭话者："你好。"

美女："嗯……"

搭话："刚才在那边看到你，觉得你气质不错，所以过来认识一下，能把你的联系方式给我吗？"

美女："不要吧……"

分析：首先，在没有任何交流的情况下，不应该直接要号码。其次，不要上来就赞美，尤其不要说气质好。这年头，赞美姑娘气质好已经是非常过时的行为了。比较正确的流程是：

搭话者："你好……"（停顿一下，让对方有个反应过程）

"我想认识你"或者"其实，我就是想来认识你的。"

美女："哦……"

搭话者："我刚从那边的音像店出来，看见你正在一个人吃冰激凌，于是我脑袋一热就跑过来了。"

把自己怎么发现美女，然后又怎么上前搭话的过程简要叙述一遍，通常可以给对方带来最基本的安全感。而这时候进行赞美是会影响安全感的（显得你有意图），尤其是赞美气质，会直接把你打入发廊小弟的行列。

避免空洞的赞美，但可以把你眼中的她描述得具体一点儿，这样会让美女觉得这个搭话者真实且有趣。

2. 中场阶段

搭话者：“你是来逛街的吗？”

美女：“嗯……”

搭话者：“那咱们一起逛吧！”

美女：“哦，不用了吧……”

分析：典型的男人式的废话，明明已经在一起逛呢，非要多嘴再声明一下，把一件正在自然而然进行的事情变成一个契约，让美女的心理防卫陡增。不过有趣的是，这句废话的根源是男人自己缺乏安全感。

3. 收尾阶段

搭话者：“留个手机号吧。”

美女：“好的，1234567×××。”

搭话者：“你叫什么名字？”

美女：“啊……叫我丽丽吧……”

分析：有时候，美女愿意给你电话，却不一定愿意马上告诉你她的真实姓名，所以，更恰当的问法是——“我该怎么称呼你？”

4. 结束语

美女：“拜拜。”

搭话者："拜拜，有空一起出来玩！"

分析：为什么非加上这句"有空一起出来玩"呢？狗尾续貂，画蛇添足！

首先，人家只是给你一个相互了解的机会，还没把你当朋友，这句话会让人觉得你自以为是。其次，就算是可以出来玩，最好也是到时候再说，因为你面对的是女人，不是业务客户。

对于客户来说，能一起出来玩是有一定意义的，所以分开时强调一下也罢。而对于女人来说，出来玩的情绪状态才是最重要的。因此提前说反而显得这个男人婆婆妈妈。

当然，漂亮的女生有男朋友，是天经地义的事，毕竟其他男生的眼睛也是雪亮的，一看到美女当然也会很有兴趣，不管是通过朋友介绍还是在路上搭话认识她，都会采取疯狂的攻势。所以，一定要找到那个你最喜欢的对象，然后好好交往。

如果是被拒绝，通常，被拒绝后的5~10分钟之内，很多人会脸红心跳，像做了不可告人的事情。但奇妙的是，接下来，又会进入一种特亢奋的状态，似乎刀枪不入、百毒不侵。

有很多人就是在被拒绝之后的半个小时内，又从另外一个女孩那里成功地要到了电话。这让人联想到小时候游泳，先去冲个凉水澡，等到浑身发热了再跳到池子里，就什么也不怕了。

总之，搭话被拒绝时，大都是不愉快的，温暖关怀型的拒绝除外。这是没有办法的事情，即使平时有再多的自我安慰的方法，但事到临头，被自己满怀期望的对象拒绝，还是会让人感到打击。所以，一定要不断提醒自己，一个好的拳击选手必须有抗打击能力，一个优秀的搭话者也必须经得住被拒绝。

答应赴约，却被放鸽子的几种情况分析

答应赴约而最后放你鸽子的女生，一般是这几种情况。

1. 无论谁约都答应

去不去，她自己也不知道。这种情况一般会发生在年纪比较小的女生身上，比较娇惯，比较缺乏教养，除了有点漂亮之外几乎没别的优点。等时间到了，你打电话过去催促，不是不接就是根本不记得有这回事。

有些搭话者不明白这一点，总是屁颠屁颠地去准备，结果是换来无尽空余恨。一些摄影师约模特拍照，情况也是一个样，模特中的一些人，无论生活还是工作，都是一团糟。

2. 不好意思拒绝，先答应

还有一两个小时的时候，美女就会告诉你："不好意思，临时有事，去不了了。"有些女生不好意思拒绝人，这样拒绝会婉转一点。

如果约在几天之后，她会说："好啊，到时候看有没有事。"这种模棱两可的答复，大多也是这种结局。

3. 答应之后，有了更好、更亲近的邀约，便放你鸽子

试想一下。如果你是一个女生，在一个百无聊赖的下午，一个样子可能你记不太清，但总体印象干净整洁、彬彬有礼、勇敢自信的男生飞来短信，你们相谈甚欢，他发来邀约，而你刚好新买了双好看的鞋子，今天也刚好想出去，对那个男生又有那么一点点好奇，你就答应了。

半个小时后，你的闺蜜发来更好、更诱惑的邀约，或者与你关系更亲近的、发展中的，或者是男朋友来约，而对于今天第一个出场的，那个记忆深处中相对模糊的男生，不放他的鸽子放谁的?

4. 答应的时候想去，要去的时候，不想去了

没什么理由，就是不想去了。对于善变的女生，这也是一个充足的理由。经历中，最喜欢这样干的是双子座。

这样一分析，你会觉得那怎么办好呢？如果被放鸽子拒掉，期待的约会就泡汤了，以前的精心准备也没用了。

其实，无论哪一种情况，这都是约会初期遇到。如果对方已经成为你的老朋友了，那么几乎不会放鸽子的，即使放鸽子也会给你说明情况。

所以，首先你不要抱着很大的期望，因为本来就不熟。如果人家没来，是有理由的你就暂且相信，因为一般编织理由的人，会考虑下次和你约会。如果没来，也没有理由，那么这种人，一般你不再理她，她也不会再理你。失去了并没有什么可惜的。

有专家表示，如果你找人约会，有被放鸽子的可能时，不妨多约几个。发出去 5 个邀约，有 3 个人回复你，即使有两个人放你鸽子，也会有一个人前来赴约。

当然，这种约多个人的情况不能滥用。也就是说你不能同一个时间答应和多个人邀约。即使你要与多人邀约，安排先后。有约不来，不好，约人不诚也不好。感情永远不是找最美的最好的，而是找到属于自己的那个就好。或许下一个会更好，但是有时候碰到了也就是一辈子。真贞的感情才是最美的感情。

#陌生人见面切记的几个问题#

1. 跟你很疏远，不够大方

每个人都很想拥有一个圆满的人际关系，很想跟陌生人建立起一个好的接触点。不要总认为主动去跟人家搭话让你很没面子，你可能自认为有很大的人格魅力，但这只是你的个人期待，别人的感受可能和你不一样。

因此，一遇到陌生人疏远你的情形，你就可能会对其产生反感。不过，你的这种主观期待很容易得罪人，会因此而树敌。所以，你不妨时常反省一下，自己是不是又得罪人了。

2. 主动靠近你，拍你的肩膀，跟你称兄道弟

自我保护心理较强的人，对于陌生人会不自觉地想要保持距离，并且会下意识地拒绝别人侵入私人领域，尤其是不经过其同意就触摸其身体。

因此，这种人可能会对对方产生反感，下意识地认为对方不尊重其想法和观念，在其心目中会很自然地把对方列为不同

类的人。

对自我保护心理较强的你来说，有时候不要反应太强烈，也许人家并不是怀有恶意的，只是个性比较大方、粗鲁罢了。

3. 抢着讲话，油腔滑调，把你当听众

你可能很讨厌当听众，不喜欢在人际互动中处于被动状态。不过，在人际心理学中，一个人说话的主动权，暗示着这个人的气势强弱。

如果一个人一见面就絮絮叨叨地说话，把你当哑巴听众，当情绪发泄工具，或者是想一开始就把你压得死死的，让你知道厉害，你很可能对这种人特别反感。因为你不想在气势上被人压倒，也不希望别人不尊重你的发言权。

所以，你的敌人很可能就是这些演讲狂的人，或者是不让你发表意见的人。尤其是那种油腔滑调的人，更让你觉得对方不可靠，以后再见面，你可能不会给他好脸色看，于是你的敌人又增加了一个。

4. 不停地问你个人的问题，像身家调查一样

你可能是一个稍微自我封闭，想保留多一点隐私的人。于是面对这种想控制他人的人，你会觉得压力很大。这种人其实只是想进一步认识你，想在很短的时间内对你有更深入的了解。

谈到相见恨晚，就不得不说到人际关系，一个好的人际关系能使你更加容易亲近别人。

#和人交流中要注意的两点#

无论是搭话成功，或者是邀约成功，都需要进行交流。而如何才能让你的交流变得完美呢。爱情高手，提出以下两点：一要学会聆听。二要找到对方关心点。

有这样一个事例。某行业召开一个研讨会，开始时气氛比较融洽，但这一切都被一名专家给搅乱了。这位专家在探讨自己涉及的领域时十分激动，滔滔不绝，其他与会者发表意见时则遭到他的打断，整个会场只有他一人口若悬河地发表意见，这引起了大家的不满，研讨会在尴尬的气氛中草草结束。

还有一个故事。一把坚实的大锁挂在铁门上，一根铁杆费了九牛二虎之力，却无法将大锁撬开。一个瘦小的钥匙来了，它钻进锁孔，只轻轻一转，大锁“啪”地一声就打开了。铁杆惊奇地问：“为什么我费尽力气也打不开大锁，而你轻而易举地就打开了呢？”钥匙说：“因为我最了解他的心。”

前一则事例告诉我们：做一个好的聆听者，是成功沟通的前提。那位专家缺乏互动意识，没有注意倾听他人的意见，才引起其他人的不满。

后一个故事则说明：人与人沟通并不难，要看你如何使用既准确又不失巧妙的方式去沟通，要明白对方的心。

上述两点其实也不光是适用陌生人，对于你的老熟人也要谨遵这两点。因为熟人、朋友有时候应付你只是碍于感情和面子，并非真的喜欢和你交流。

不可不知的搭话礼仪

1. 不要张口就评论人家的衣着品味，对人品头论足的人是难以赢得他人好感的。相反地，在搭话的过程中，穿插着夸对方几句，别人会觉得你很有品味，并且你的风度会相应地得到提升。

2. 语言一定要文明。搭话是一个人对另一个人的赏识过程。如果搭话的时候张口闭口脏话连篇，那么怎么能得到他人的赏识呢?

3. 千万不能将自己和对方的某个朋友或家人作比较。既然他们能成为对方的朋友，那么自然有她的道理。

4. 切记不要讲故事。有些搭话者在没有话说的时候喜欢给对方讲故事，有时候一场约会就成了故事会。

5. 不要问人家的隐私。第一次见面，你只要谈一些大家都能接受的问题就好，千万不要涉及别人的隐私。不要问“你家在哪”这样的话，以免对方觉得你另有所图。

6. 确接近对方的目的。有很多人与人搭话后，渐渐没了音信。存在的问题就是，搭话那天，他能知道自己的目的，之后就忘得一干二净。

表 白 墙

如果您看完本书，还不知道怎样表白的话，您可以把您要表白的话写在这里，寄给喜欢的人~